Javier Fernández

Amanhã pode ser tarde!
Seu futuro é hoje

manual de autoajuda

© 2005 by Editorial Claretiana, Buenos Aires
ISBN: 950-512-536-4
Para a língua portuguesa:
© 2007 by Editora Ave-Maria. All rights reserved.
Rua Martim Francisco, 636 – 01226-000 São Paulo, SP – Brasil
Tel.: (11) 3823-1060/3826-6111 • Fax: (11) 3825-4674
Televendas: 0800-7730 456
editorial@avemaria.com.br • comercial@avemaria.com.br
www.avemaria.com.br

ISBN: 978-85-276-1167-1
Printed in Brazil – Impresso no Brasil

2. ed. – 2013

Título original: *Después es Nunca – Manual de Autoayuda*
Tradução: José Joaquim Sobral
Capa: Maycon Robinson de Almeida

Dados Internacionais de Catalogação na Publicação (CIP)
(Câmara Brasileira do Livro, SP, Brasil)

Ferenández, Javier
Amanhã pode ser tarde!: manual de autoajuda / Javier Fernández;
[Tradução: José Joaquim Sobral]. – São Paulo: Editora Ave-Maria,
2013.

Título original: Después es nunca: manual de autoajuda.

ISBN 978-85-276-1167-1

1. Autoajuda - Técnicas   2. Autorrealização   3. Conduta de vida
4. Espiritualidade   5. Felicidade   I. Título.

07-6333   CDD-158.1

Índice para catálogo sistemático:
1. Autoajuda: Psicologia aplicada   158.1

Diretor Geral: Marcos Antônio Mendes, CMF
Diretor Editorial: Pe. Luís Erlin Gomes Gordo, CMF
Gerente Editorial: Valdeci Toledo
Editora Assistente: Carol Rodrigues
Revisão: Adelino Coelho, Marcia Alves, Isabel Ferrazoli e Danielle Mendes Sales
Diagramação e Produção Gráfica: Carlos Eduardo P. de Sousa
Impressão e acabamento: Intergraf

A Editora Ave-Maria faz parte do Grupo de Editores Claretianos
(Claret Publishing Group).
CLARET   Bangalore • Barcelona • Buenos Aires • Chennai •
PUBLISHING GROUP   Macau • Madri • Manila • São Paulo

DEDICATÓRIA

Dedico este livro às muitas pessoas que tenho conhecido no decorrer da minha existência. Àqueles que sentem ter encontrado o caminho para o qual Deus os trouxe à vida. E para as outras que o buscam, envolvidas ainda na escuridão. Inclusive também para aquelas que não sabem onde procurá-lo, mas mantêm viva a chama do amor que um dia se lhes mostrará claro.

A todos dedico estas páginas. Espero, leitor, que o que aqui entrego com carinho seja de utilidade para descobrir que "agora é o tempo favorável, agora é o dia da salvação" (2Coríntios 6,2). Ou seja, que não nos seja forçoso esperar um depois que tarda a chegar e nos impede de desfrutar as maravilhas que Deus no hoje reservou para cada um de nós.

O Autor

SUMÁRIO

Introdução 7

1ª Parte
PROCURO UM TESOURO

1. O valor de minha vida 13
2. A dificuldade da realidade 19
3. A felicidade 25
4. O sentido de minha vida 31
5. Um guia para meu caminho (a *Bíblia*) 37
6. Deus atua em minha vida 43
7. Meus sentimentos (I) 49
8. Meus sentimentos (II) 55
9. A desilusão 61
10. A revolta (I) 67
11. A revolta (II) 73
12. As crises 79
13. Psicologia para quê? 85

2ª Parte
VENDO O QUE TENHO

14. A linguagem do meu corpo 93
15. Indivíduo – Pessoa 99
16. O crescimento de minha pessoa 105
17. Perdido na multidão 111

18. Sou pecador 117
19. Eu e o dinheiro 123
20. Crítica e discernimento 129
21. O discernimento 135

3ª Parte
COMPRO UM TERRENO E NELE TRABALHO

22. A consciência profunda (a sabedoria I) 143
23. A consciência profunda (a sabedoria II) 149
24. Meus freios para crescer (I) 155
25. Meus freios para crescer (II) 161
26. Eu te escuto 167
27. Meu caminhar com outros (a comunidade) 173
28. Minha oração 179
29. Meu desapego 185
30. Os golpes de minha vida 191
31. Como estou mudando! 197
32. Meu apostolado 203
33. Concentrar-me no essencial 207

Conclusão 215

INTRODUÇÃO

Este *Manual de autoajuda* contém 33 temas ou blocos nos quais desenvolvo diversos pontos úteis para o crescimento pessoal do cristão. Em vários deles, empreguei material previamente elaborado por outros ou por mim. Este trabalho situa-se como continuação de uma obra minha anterior chamada *Pasión para vivir*. Neste livro, introduzi um matiz que considero importante. Poderia denominá-lo *a urgência do hoje*. Do que se trata, então?

Neste início do século XXI, no qual tudo parece acontecer rapidamente, temos cada vez mais a impressão de que o tempo voa também com velocidade crescente. Sabemos que não temos como deter o transcorrer do tempo. Então, que havemos de fazer? Creio que um começo de resposta nos é dado por são Paulo. Ele toma como base a passagem de Isaías (49,8), "Eu te ouvi no tempo favorável e te ajudei no dia da salvação." A partir daqui afirma, algo central para nossa obra: "Agora é o tempo favorável, agora é o dia da salvação" (2Coríntios 6,2).

Por isso o *Amanhã pode ser tarde*. Porque o deixar para *amanhã* desempenha em nossa vida o mesmo papel da cenoura diante do burro. Quanto mais caminha, menos a alcança, porque quem a mantém amarrada na ponta de uma vara, diante do burro, vai montado sobre ele. Temos seguido muitas *cenouras* em nossa vida, sem chegar nunca a alcançá-las e ter o gostinho de saboreá-las. A proposta é deixar de caminhar e de se cansar tanto. Somos agora convidados a nos deter num oásis no meio dos momentos de deserto da nossa vida para procurar a água que nos acalma a sede, com a sabedoria cristã escondida no meio de tantas coisas e situações que nos rodeiam e chegam a nos deixar desorientados.

Este livro encontra-se dividido em três partes com o mesmo sentido do que o antecedeu, o *Pasión para vivir*. Recordemos que se baseia nas parábolas do tesouro escondido e da pérola mais preciosa (Mateus 13,44-46). Nesta obra trata-se de: *Procurar um tesouro* agora, sem perda de tempo e sem me iludir de que mais tarde será melhor ou mais fácil consegui-lo. *Vender o que tenho*, desapegando-me completamente neste momento de tudo o que não me permite ser interiormente livre como o foi meu amado Jesus. *Comprar o terreno e trabalhar nele*. Com idêntica prontidão decido fazer uma coisa e outra.

Desde já, o terreno a ser trabalhado sou eu mesmo e a autoajuda cristã é a principal ferramenta que tenho em minhas mãos. Os temas deste livro são uma colaboração para esta tarefa, a mais urgente que tenho entre as mãos, tarefa que não admite esperas nem demoras.

Por último, uma indicação. Não ler este livro às pressas. Assim, talvez você entenderá, mas não vai captar o sentido profundo de muitas de suas propostas. Sobretudo as *sugestões* e *orações* de cada tema têm a dizer mais do que o que se percebe com uma leitura rápida. A urgência de as colocar, hoje, "mãos à obra" não deve ser confundida com a pressa que nos torna seres superficiais, ansiosos e sempre descontentes com o que somos e com o que temos.

Por isso, este livro aprecia os momentos de silêncio e de solidão, as manhãs de verão fresquinhas das férias ou as noites tranquilas depois de um dia agitado. As pausas em meio ao trabalho ou os minutos aproveitados na espera do transporte que nos conduzirá de volta para casa. Os ricos minutos vividos junto de uma pessoa amiga com a qual compartilhamos uma frase do livro que nos chegou ao coração ou uma descoberta pessoal que acabamos de fazer. Prefira a leitura meditada, ruminada, de cada frase e de cada parágrafo, o trabalho sereno e perseverante de quem realça palavras e frases aqui e acolá. É uma obra para ser trabalhada, fundindo-a no sulco do campo em que Deus espera que comece a colher muito mais frutos do que até então conseguiu. Que ele acompanhe nossos esforços sinceros!

1ª Parte

Procuro um tesouro

1

O VALOR DE MINHA VIDA

1 Vivo em um mundo que passa o novo milênio em crise profunda. Esta crise acontece quando se realizaram muitas das promessas materiais que o *progresso* moderno havia feito. Embora de maneira desigual, ele levou a produção de bens e serviços a um crescimento espetacular. Mas onde se encontra seu triunfo encontra-se também a sua fraqueza. Esse tipo de progresso já não nos dá sentido pleno à vida; ele abre a possibilidade de uma nova ordem com a procura de novos valores. Existe quem acredita que o núcleo da atual crise mundial é econômico. Isso é um reflexo, fruto de um modo de ver a vida que pôs como centro de todos os seus interesses os bens materiais. A prova de que não é assim é o fato de que esta crise de sentido é também aguda nos lugares que apresentam um bom desenvolvimento econômico. O problema é que, hoje, para muita gente é difícil sentir-se intensamente viva; a felicidade aparece como uma meta distante. A vida se mostra dura e opaca, com poucos momentos de plenitude. A maioria das pessoas quer continuar vivendo, mas não desfruta do seu existir cotidiano.

Cada um leva esta crise dentro de si durante o ano e nas férias, em casa e fora dela. A impressão pode ser a de *caminhar em círculos* sem nenhuma meta que entusiasme e dê forças para lutar e usufruir do presente. Para muitos não existe nada pelo que valha a pena entregar a vida. Foram muitos os desenganos para poder agora ainda apostar em alguma coisa. Preferimos viver na tíbia mediocridade que não nos promete muito, mas ao menos parecia proteger-nos dos sobressaltos, dos sustos. Desta maneira, a vida vai se desvalorizando. Por fora parece a mesma, mas por dentro se torna cada vez mais vazia, mais sem sentido e sem sabor. É uma crise que não admite remendos, mas sim mudanças interiores.

Diante disto, eu (como os outros) necessito *apaixonar* minha existência, encontrando no modo de desfrutar o fato de estar vivo ou viva, mesmo que no meio das dificuldades. Ao contrário de quem somente *sobrevive*, porque não goza nem mesmo suas férias. Estou chamado a desfrutar a novidade que está sendo construída, não a lamentar-me pelo que passou e está sendo dissolvido.

Diante desses fatos, surge facilmente a tentação de resistir às mudanças, procurando que as coisas voltem a ser como antes. Em todo momento a realidade está mudando. Existem tempos em que isto acontece de maneira sutil; isso dá espaço à ilusão de estabilidade e permanência. Por isso, quando a mudança se acelera, costuma encontrar-nos tão desprevenidos que nos assusta, entristece-nos, leva-nos a perder a segurança e a vê-la, antes de tudo, como uma ameaça. Sobretudo aqueles que conseguiram mais com a *estabilidade* anterior são os que lutam desesperadamente para que o novo não cresça, procurando mostrar que não é outra coisa senão *decadência* do que anteriormente era valioso.

Se tenho muito enraizada em mim a concepção estática do mundo, vou apavorar-me com as crises; vê-las-ei antes de tudo como um perigo, procurando evitá-las ou escapar delas de qualquer maneira e quanto antes. Mesmo que pareça difícil, tenho de dizê-lo: se gosto tanto da tranquilidade é porque prefiro a morte à vida, a *paz dos cemitérios* aos conflitos normais da existência.

Esta é também uma crise de valores. Nos momentos de grandes mudanças continua-se afirmando no nível de princípios os que até agora serviram; mas eles já não orientam a vida do povo que não os percebe como importantes e doadores de felicidade. Não se trata de que as novas gerações sejam piores que as anteriores. Simplesmente muda a *escala de valores* com a qual orientam suas vidas. Eu, como cristão, não posso ficar indiferente a estas mudanças. Sem cair em um fácil relativismo, estarei atento para certificar-me de que Deus não está ausente destes processos nos quais nós os seres humanos procuramos, tateando, um novo modo de encarar a vida, mais adequado para os novos tempos.

Neste caminho não posso descuidar de *consultar* meu interior, o que realmente vivo, o que me apaixona ou me deixa indiferente. Existe algo que me apaixona no viver? Na força positiva dessa paixão pode haver muita sabedoria com a qual tenho de aprender. Não se trata de procurá-la fora de mim. Ela habita em meu interior; a partir dela dou razão de ser e motivo a muitas coisas. Como crente sei que é, em última instância, Deus mesmo. Em torno dela posso e devo colocar as mãos à obra na tarefa sempre não terminada de reajustar meu modo de viver os valores na realidade.

2 A vida cresce por si mesma. Porém o modo como se desenvolve é, antes de tudo, minha responsabilidade. Se me deixo levar pela busca de *resultados* finais, situar-me-ei de modo errado perante a mudança: concebê-la-ei como algo passageiro que me instalará em uma ordem nova. Essa ansiedade por resultados leva-me a imaginar um ponto de chegada que me estimula a apressar o processo de mudança, com a ansiedade de chegar a essa situação na qual acredito que tudo começará a ser estável.

Abordar de maneira honesta uma mudança transformadora de minha forma de ser e viver requer assumir a minha pessoa como parte de um processo contínuo. Esse processo se dá como tensão entre, ao menos, duas concepções da vida que pretendem organizar meu mundo. A concepção produtivista nega centralidade ao amor, à brincadeira, ao prazer. Essa posição utilitarista leva-me, com muita frequência, a perguntar *para que serve isto?* diante de realidades que valem não pelo que produzem, mas sim por si mesmas. A fé que vivo é uma das que mais perde quando procuro fazê-la entrar nesse mundo de maquinário produtivo.

Se me desintoxicar do produtivismo poderei deixar os outros serem como são, no que têm de diferente, de próprio, de insubstituível. Irei relacionar-me com eles sem procurar fazê-los parte do meu plano de domínio e conquista, supostamente *para seu bem*. Isso abre a possibilidade de que predominem em meu mundo as relações de colaboração e aliança em vez da competição. Isso me ajudará a experimentar que para a vida seu sentido não lhe vem de fora, de seu resultado, mas sim de si mesma, do modo como eu a vivo no presente.

A maneira de nos relacionar com as coisas que predominam nesta sociedade coloca seu centro no domínio de tudo. Pareceria que somente por meio desse domínio as coisas entram no mundo humano. Também posso descobrir-me procurando exercer o domínio (posse) sobre os que amo, estendendo a tudo o que me interessa essa atitude de dominação. Estou ansioso por possuir, tornar meu, submeter. A isso tenho de contrapor as forças do amor, entendido no sentido mais puro, como algo que deixa pessoas e coisas existirem, sem exigir delas que sejam como eu quero e para o que eu quero.

Necessito aprender a respeitar o tempo do outro, a descobrir suas necessidades e gostos em um processo de aproximação e de vinculação. Para isso tenho de sair do que Kohon (Japão, 1327-1387) denomina "o curral do produtivismo" no qual estamos quase todos trancados. A partir da minha fé, tenho de estender a pergunta pelo sentido da vida humana para além das respostas predominantes em meu ambiente. Só dessa maneira poderei visualizar, junto com outros, possibilidades diversas que o estado atual das coisas nos sugere.

Sugestões

a. "A maioria das pessoas quer continuar a viver, mas não aproveita a sua existência cotidiana." Experimentei ou experimento hoje essa sensação? Vejo que as pessoas que são importantes para mim passam por isso?

b. Vejo sinais positivos do novo sentido da vida que está nascendo na sociedade como superação do sentido produtivista. Destaco quais são seus valores, evitando comparações nostálgicas com o passado que conheci.

c. Em minhas relações com as pessoas mais próximas predominam o domínio e a possessibilidade, ou o amor aberto e o deixar o outro construir seu processo? Respondo isso a partir da minha experiência e não a partir do que gostaria de ser ou fazer...

d. O reino de Deus é como uma semente que cresce sozinha. Passo a meditar Marcos 4,26-28. Descubro hoje essa semente do Reino presente nas mudanças que se vivem em minha sociedade?

*Hoje vos peço, Senhor,
que me ajudeis a colocar vós
e os seres humanos em primeiro lugar,
antes das coisas e dos resultados materiais.
Fazei crescer dentro de mim
o verdadeiro carinho que não é posse,
senão abertura e apoio ao crescimento dos que amo.*

2

A DIFICULDADE DA REALIDADE

1 Algo me leva a me deter neste momento de minha vida de adulto e a me propor algumas interrogações. Não é que tudo esteja totalmente em desacordo com o que sou ou com o que faço. Mas meu balanço também não é totalmente favorável. Que caminho estou tomando? Isso que vivo é o que desejo para mim e para os que convivem comigo? Muitas sementes foram lançadas no meio desse campo; só algumas floresceram.

Esse campo é a vida, a minha vida. Desde que nasci, saí da comodidade quase celestial do ventre de minha mãe para defrontar-me com a realidade. Com sua desafiadora dureza, mas também com a possibilidade de descobrir tesouros. Não me conformo com coisas pequenas. Fui criado para almejar os infinitos. Estou aqui para sonhar e começar a realizar coisas maravilhosas.

Hoje, como muitas vezes, olho minha vida de todos os dias. Que avaliação faço dela? Não é estranho que seja difícil responder sinceramente a esta pergunta; faz tanto tempo que ela me espreita e tantas vezes dela me esquivei. O resultado final desse balanço tem mais a ver com meu estado interior, com minha orientação de vida, do que com os acontecimentos que sucedem fora de mim. Descobrir isso é aprender muito da vida. Se eu deixasse de lançar a culpa à realidade exterior, aos outros e até mesmo a Deus, e me concentrasse um pouco mais em mim mesmo, em minha responsabilidade, então sim é que eu teria a meu alcance grandes mudanças.

A realidade tornou-se dura para mim, sobretudo, porque não sei andar direito por ela de maneira correta. Comprei ingenuamente a ideia de que basta desejar algo para que isso aconteça. Como por arte de magia, espero que as coisas se ajustem da maneira que gosto, que vão se abrindo diante de mim as portas que quero transpor. Com a idade que tenho já é hora de abandonar essa posição mágica. É ocasião de descobrir que minha vida não é magia, mas sim um milagre. Se fosse magia, tratar-se-ia de encontrar algum gênio ou algumas palavras certas para que tudo acontecesse segundo meus desejos e sem esforços.

Mas como é milagre, exige de mim, antes de tudo, viver a fundo minha fé. Ela coloca o centro de tudo fora de mim, em Deus. Mas também lá dentro, porque ele está realmente em meu interior. O caminho da mudança começa por minha pessoa. O sentido do que tenho de mudar não está determinado por mim, mas sim por ele, por alguém que me ama de modo supremo e está ansioso por realizar seus pequenos ou grandes milagres. Sua obra não pode se concretizar sem minha colaboração. Já não estou no campo da magia, dos sucessos fáceis, mas do milagre. O novo maravilhoso acontecerá graças à ação de Deus em quem coloco toda a minha fé. Só é possível se me mostro disposto a mudar minha vida, deixando Deus fazer sua obra em mim.

Agora se abrem para mim novos caminhos, não de facilidade, mas de felicidade. É certamente uma felicidade que, como veremos mais adiante, não é fácil, mas é real. Posta nas mãos de Deus, minha vida pode mudar. Estou disposto a este desafio? Em caso afirmativo, o conteúdo deste livro pode me ajudar.

2 A primeira atitude de que necessito diante da vida é a de responsabilidade perante a minha existência. Como adulto, sou eu que tenho a obrigação de tomar aos meus cuidados a minha própria pessoa. Aí estão meus acertos, meus erros e até mesmo meus pecados. Eu, e principalmente eu, sou o centro disso que a mim sucede. Sem esta atitude, torno impossível que a graça de Deus realize sua obra em mim. Esperar que os outros, que as estruturas ou que a sociedade mude, é o modo de nunca colocar as mãos na massa. Se eu estou no meio de um deserto, preocupar-me-ei para que surjam flores da pequenina planta da minha vida, mesmo que tudo o mais continue seco. Ainda que esteja escuro, acenderei minha humilde lâmpada, minha pobre luz, em vez de perder tempo amaldiçoando a escuridão...

Para terminar esta parte, me parece importante aplicar um texto tomado de um pensador (Donald Schön), com adaptações: nas variadas situações da minha vida existem terras altas e firmes das quais se enxerga o pântano. Nas terras altas, procura-se controlar os problemas por meio da aplicação de boas ideias e técnicas consideradas adequadas. Nas terras baixas do pântano, ao contrário, os problemas não são tão claros e resistem ser solucionados daquela maneira. O significado dessa situação é que os problemas das terras altas são de pouca importância para a sociedade, apesar de existirem estudiosos que se ocupam repetidamente deles, escrevendo livros extensos sobre temas. Ao contrário, no pântano, estão presentes os problemas que mais nos preocupam. Eu preciso escolher. Tomarei a atitude cômoda de permanecer nas terras altas, onde parece possível resolver problemas sobre a base de teorias já aceitas e admiradas socialmente? Ou, preferivelmente, descerei para o pântano para encontrar ali minhas muitas dificuldades concretas e diárias, que são também as da maior parte da humanidade?

Sugestões

a. A primeira sugestão é como uma espécie de lema ou axioma: "Eu sou o principal responsável pelo que me acontece". Isso de *principal* assume o fato de que vivo em sociedade e que realmente os outros me influenciam (assim como eu os influencio). Todavia, continuo priorizando minhas ações em vez das consequências das ações alheias em mim.

b. Se algo me acontece de bom, poderei pensar e agradecer a Deus as boas qualidades que me deu, o modo como amorosamente me acompanha. Também terei ocasião de reafirmar minha bondade pessoal, que sou uma pessoa basicamente boa (embora pecadora, certamente...). Não se trata de vaidade, e sim de reconhecimento da realidade.

c. Quando me visitarem o mal, a amargura, a sensação de fracasso apontarei meu dedo para mim mesmo. "Eu sou o responsável." Que mudanças estou disposto a realizar em minha pessoa para que diminuam esses momentos negativos? Assim sendo, que ajudas estou disposto a pedir?

d. Outro exercício para realizar:

Quando experimento sentimentos intensos positivos ou negativos, pôr-me-ei sozinho diante de um espelho e falarei comigo mesmo. Se estiver contente por algo que consegui, posso dizer a mim mesmo: "Eu o felicito", "Você conseguiu", "Eu sabia que era capaz...". O estilo das frases mudará se estou triste por um problema ou por ter fracassado. Poderia dizer à minha imagem refletida no espelho: "Não desanime porque logo vai superar isso", "Sou responsável pelo que aconteceu", "Que atitudes vou mudar para fazer com que isso não se repita?...".

e. Para este e outros exercícios, utilizarei uma caderneta de anotações pessoais. Ali posso anotar alguma breve reflexão, fruto do meu *diálogo comigo mesmo* pelo espelho.

Também escrevo uma oração curta e simples. Ela poderá me servir para repeti-la lendo ou memorizando-a quantas vezes necessário. Rezar com fé é como deixar que a serena e benéfica chuva de Deus vá abrandando pouco a pouco a dureza de minha personalidade e de meu coração.

f. Se me for custoso fazer tudo isso, não desanimarei. Os começos não costumam ser fáceis. O importante é que eu aja com fé em mim mesmo e, sobretudo, em Deus que me acompanha neste caminho. Adiante, portanto!

g. Medito o texto de Mateus 26,36-46 (Jesus ora no Horto das Oliveiras). Eu relaciono este trecho evangélico com minhas dificuldades em ser coerente com a fé que professo.

*Jesus, vosso caminho na vida
apresentou flores e espinhos.
Sendo o Filho de Deus provastes,
muitas vezes, mais das segundas que das primeiras.
Dai-me simplicidade nos momentos
em que a vida me vai bem.
E dai-me paciência quando o céu
se torna escuro para mim
e parece que não têm solução os meus problemas.
Peço-vos também por aqueles que sofrem
muito mais que eu, talvez até perto de mim.
Que a ajuda que não posso ou não sei
pessoalmente dar-lhes
chegue por meio desta simples oração
que agora vos dirijo.
Agradeço-vos por me acompanhardes...*

3

A FELICIDADE

1 Se me pergunto "Para que vivo?", a resposta poderia ser: "Para conseguir a felicidade". Todavia, o que devo entender por *felicidade*?

Para alguns, a felicidade significa ter o necessário para viver. Para outros, significa ter em abundância. Neste caso serei mais feliz quanto mais coisas possuir, quanto mais pessoas eu tiver a meu serviço, quanto mais oportunidades eu tiver. Existem os que relacionam a felicidade com estar ou sentir-se bem com os outros. Nesse caso sou feliz se não mantenho conflitos com as pessoas que me interessam mais ou, pelo menos, se soluciono esses conflitos de maneira rápida.

Sob um olhar de fé, a felicidade frequentemente está relacionada com o além. "Seremos felizes no céu." Esta terra pareceria não ser um lugar adaptado para a felicidade. Uma bela comparação apresenta a felicidade como uma borboleta tão desconfiada quanto frágil. Se me aproximo, ela se afastará de mim, deixando-me com uma sensação de vazio, de abandono desconsolado.

Existem os que, com um olhar religioso ou simplesmente humano, chegaram à conclusão de que este mundo não é lugar de felicidade, mas sim de sofrimento. Estamos em um "vale de lágrimas" do qual só temos a ganhar libertando-nos o quanto antes dele saindo pelo único caminho possível: a morte.

Este último ponto de vista não deixa de ter certa razão de ser, sobretudo no caso tão frequente de pessoas e grupos que vivem situações de extrema pobreza, violência, necessidades elementares não satisfeitas, etc. De todos os modos, este livro não tem como finalidade ocupar-se desse tema. Por isso, procurarei encontrar outra resposta para a minha pergunta sobre a felicidade.

Para fazê-lo, vou começar descartando que a felicidade dependa, antes de tudo, da abundância de bens materiais, de relações pessoais, da consecução de muitas realizações com sucesso, etc. Se assim fosse, deveria supor que Deus fez os seres humanos de tal maneira que somente poucos podem ser felizes. O resto estaria já de antemão *condenado* a um estado de infelicidade.

A fonte da felicidade não está fora de mim, mas dentro. Tenho de começar por purificar minha consciência, mantendo-a orientada para Deus. Se me esforço por eliminar os impedimentos que foram se acumulando no meu interior, minha vida se transformará com o tempo em uma fonte de água clara e fresca. Isso permitirá que o amor de Deus possa fluir em mim como de uma fonte viva. Assim aqueles que vivem próximos de mim poderão compartilhar comigo dessa água e fresca.

Esse é o milagre do amor que embeleza os atos cotidianos. É necessário que eu aprenda a concentrar-me no essencial, sobretudo nas pessoas que necessitam de mim. Essa atitude dá intensidade à minha vida, superando a rotina e o aborrecimento. Não posso esquecer que minha vida neste mundo tem como finalidade descobrir a fonte do amor (Deus) expressando esse amor em minha vida cotidiana. É um amor que dará profundo significado à minha vida, convertendo-me em um dom para o mundo.

As divisões, os ódios, os conflitos, somente são superados por meio do amor; ela é uma lei inalterável. Trabalhar desse modo pela paz implica desprender-me da ansiedade por resultados do meu trabalho. Se eu conseguir isso, descobrirei que os fracassos parciais e até mesmo totais não me enfraquecem interiormente, mas sim que, em termos espirituais, possibilitam um crescimento e uma maior profundidade em mim. Quem amadureceu, aprendeu que as derrotas, mesmo não sendo agradáveis, são novas oportunidades. Se não existissem dificuldades em minha vida, eu só rasparia a superfície de minha existência. Como dizia Gandhi (Índia, 1869-1948): "Encantam-me as tormentas". Essas *tormentas* foram as que o ajudaram a adquirir a admirável profundidade que sua vida teve.

Deus está em mim pronto para germinar, como acontece a uma semente. Daí a importância de cuidar para que meu jardim interior não se encha de ervas más: medo, cobiça, inveja, ciúmes... Eu faço parte de uma cultura tão materialista, que posso comparar-me a um pintinho que deve libertar-se da casca do ovo para nascer e viver. A casca é esse asfixiante materialismo, em forma de vontade imensa de riquezas que invade nossa sociedade.

2 A posição da qual parto nesta obra é esta: é possível conseguir a felicidade nesta vida. Ainda que ela tenha a forma provisória e frágil de tudo o que é humano. Mas não é um engano ou uma ilusão. Esta felicidade é uma experiência antecipada da qual viverei junto com outras pessoas e com intensidade não sonhada para além desta vida. Porém, como entendê-la? De onde vem? Como consegui-la?

É comum pensar que, se corro atrás do que desejo, provavelmente o conseguirei, e depois me sentirei feliz e seguro. Os meios de comunicação (por exemplo, a TV) incentivam em mim essa ideia, estimulando-me a adquirir bens materiais sem limite nem medida. Isso eu sei que é falso porque minhas necessidades são tão profundas que não podem se satisfazer com coisas, por muitas que eu possa adquirir. Pelo contrário, minha necessidade mais profunda é ter prazer em amar e ser amado, em sentir-me útil aos outros.

A felicidade é fruto de uma vida com sentido, com rumo, com uma orientação basicamente definida. Esta *definição* é coerente com a *paixão por viver*. Quem vive esta paixão está mais próximo da felicidade do que aquele que simplesmente *vive* (ou até sobrevive) sem ter um motivo profundo para fazê-lo.

Esta vivência intensa da existência está orientada para mim pelo sentido da vida que me dá a fé. Sei que ela não é um conjunto de conhecimentos, mas sim um modo de viver, um estilo, uma maneira de encarar tanto as grandes decisões como a rotina cotidiana. Vivendo estas realidades com profundo sentido, terei oportunidade de experimentar o modo humano de felicidade que me está reservado nesta vida.

Sugestões

a. Posso fazer algumas *entrevistas* informais com pessoas variadas com as quais me relaciono. Farei para elas perguntas a respeito do que acreditam ser a felicidade, o que é ser feliz, etc. Tomarei nota das opiniões que me parecerem mais significativas e concretas, derivadas da experiência, evitando teorias ou frases tiradas de livros.

b. Procuro em minha vida momentos de muita infelicidade. Tomo nota deles e procuro encontrar sua causa ou suas causas principais. Concentro-me em situações e em causas duradouras. Como experimentei nesses momentos a presença ou a ausência de sentido para minha vida?

c. Também tive momentos felizes (descartando as euforias passageiras), nos quais senti que "tocava o céu com as mãos". Que atitudes, situações, etc. influíram para que fosse assim? O que isso me ensina?

d. Busco pessoas que me dão a impressão de serem habitualmente felizes. Falo com elas para aprender mediante o diálogo.

e. Eis algumas frases para refletir:

- A infelicidade é fruto da busca da felicidade a curto prazo.

- Se estou procurando a felicidade, procurarei mudar a mim mesmo, e não os outros. É mais fácil calçar um par de sapatos do que cobrir toda a terra com tapetes.

- Não posso impedir que os problemas e as preocupações sobrevoem acima de minha cabeça; mas procurarei evitar que construam seu ninho nela.

- Todo aquele que come o fruto pensa que o que mais importa na árvore é o fruto que ela produz, quando na realidade o mais importante é a semente. Eis aqui a diferença entre as pessoas que têm fé e as pessoas a quem só interessa o desfrutar.

- Reconheço que às vezes prefiro uma mentira que me agrada a uma verdade que de mim exige mudar para ser mais feliz.

f. Medito pausadamente o texto de Mateus 5,1-22 (As bem-aventuranças).

Agradeço-vos, Senhor,
pelos momentos de felicidade vividos.
Acompanhai-me para que eu encontre o caminho
da verdadeira felicidade, caminhando junto de vós.
Quando me assaltarem os problemas
e os momentos de desalento,
sede meu companheiro de viagem.
Agradeço-vos, Senhor, vossa companhia que não falha.

4

O SENTIDO DE MINHA VIDA

1. Desenvolvo este tema apaixonante e central para a minha vida, com base em reflexões pessoais e ideias do psicólogo Viktor Frankl (Áustria, 1905-1997). Ele afirma que se me dou conta do ser humano que sou, chegarei a transformar-me em alguém cada dia pior. Mas se tenho na mente a pessoa que preciso ser, só então é que me verei estimulado a transformar-me no que realmente sou; eu diria: no sonho que Deus tem a respeito de mim. Uma decisão autêntica e perseverante transforma minha existência em uma espécie de *profecia autorrealizada*, isto é, em um anúncio que, devido à energia de minha convicção, contém em si mesmo a força para que se cumpra.

Como ser humano e, mais ainda, como cristão, tenho a cada momento a possibilidade de ir além de mim mesmo, de transcender-me. Nessa entrega, feita com fé e amor, minha existência adquire sentido pleno. Por estranho que pareça, quanto mais me entrego dessa maneira, mais sou eu mesmo. É exatamente Jesus quem me recorda que o esquecimento de mim mesmo é condição para minha salvação. Houve quem comparou isto com a função do olho, cuja capacidade de ver bem depende de não olhar para si mesmo. Quando meu olho está doente (por exemplo, quando tenho *cataratas* ou outros males semelhantes) verei de maneira nublada, pouco nítida, diminuindo assim a qualidade de minha visão. Como acontece a meu olho, toda a minha pessoa é de certa maneira *instrumen-*

to aberto ao que está fora e acima de mim. Sou chamado não a sonhar grandezas, mas a viver grandezas autênticas, muito diversas dos meus malucos sonhos de grandeza humana.

Diante dessa proposta é fácil surgir em mim uma objeção que parte da mentalidade predominante em nossa sociedade. Afirma-se que se eu não me coloco como prioridade, se não me empenho em cuidar de mim, se não fizer as coisas girar em torno de minha pessoa, no final serão os outros que irão abusar da minha entrega. O que convém esclarecer a respeito disso é que essa entrega, para que seja autêntica, não é a do insensato que deixa os outros abusarem dele, mas sim a de quem ama tanto que não pode senão doar-se aos outros. Como tantas outras coisas na vida, também aqui se trata de uma *luta de amores*: entre um amor verdadeiro que me expande naturalmente para os outros e um falso amor que, ao se manter fechado em minha pessoa, é na realidade tão somente egocentrismo ou mesmo puro egoísmo.

Se me faltasse um sentido da vida, cuja realização poderia me tornar feliz, eu me sentiria tentado a conseguir algum tipo de felicidade por meio de um atalho. O caminho costumeiro seria alguma das muitas formas de dependência (álcool, droga, sexo, etc.). O que encontrarei será mais ou menos algo prazeroso, mas nunca será *felicidade* no sentido que lhe damos neste livro, visto que ela é resultado de uma vida apaixonada com sentido profundo. O que preciso ter bem claro é que a sensação de felicidade não necessita ser a meta primeira de meu agir, e sim resultado indireto de uma vida bem orientada. Esse é um dos grandes segredos da existência humana.

Para esclarecer melhor esta ideia posso servir-me de uma imagem. A felicidade é como uma borboleta, muito bela, delicada e desconfiada. Quanto mais procuro agarrá-la com minhas mãos, mais ela se afasta de mim. Se conseguisse pegá-la, provavelmente a machucaria e talvez até morresse em minhas mãos. Mas se eu me ocupar em fazer minhas coisas, ela virá pacificamente pousar em minha pessoa, adornando com sua beleza tão especial a minha própria beleza pessoal. A sensação de plenitude que experimento ao ser feliz é resultado, não causa; é consequência de que minha vida contém em si mesma o fogo de uma paixão que age em mim como motor que me impulsiona. Acontece que a porta da felicidade se abre para fora; por isso, se me precipito contra ela puxando-a para mim, não farei senão fechá-la com maior força. É o que me acontece quando minha ansiedade não me permite viver os prazeres naturais da vida, procurando gerá-los de maneira artificial e falsa. Essa conduta *antiecológica* desequilibra meu interior e o ambiente que está ao meu redor.

Por tudo isso, quanto mais me esforço por conseguir prazer, mais o estarei negando. Não fui criado para juntar prazeres, por mais refinados que sejam, e sim para algo muito mais profundo e duradouro. Os sadios prazeres podem me ajudar a experimentar a felicidade, mas nunca podem substituí-la. No mundo em que vivo, posso ver isso concretizado, por exemplo, na atual inflação de propostas de sexualidade física, sobretudo por meio da TV. Toda inflação, como no caso do dinheiro, é acompanhada de perda de valor. Para que minha experiência de sexualidade, segundo meu estado de vida, tenha valor, preciso recuperar sua profunda relação com o amor, entendido como busca do bem do outro, antes do meu prazer.

Por isso, se hoje não quero ficar sepultado sob uma onda de incentivos com finalidade comercial, se não quero fundir-me em um mundo no qual tudo parece valer a mesma coisa, então é necessário que eu recorra à minha consciência. A partir dela sei que só existe um jeito de enfrentar a minha vida: ter sempre uma missão a realizar. Do contrário, experimentarei a dolorosa sensação de vazio, que o mundo atual procura encher de maneira apressada e muito barulhenta. Esse ritmo acelerado de vida pode agir em mim como uma automedicação inútil. Houve alguém que disse: "Não sei absolutamente para onde vou, por isso caminho muito rápido".

2 Minha consciência precisará aprender a distinguir, cada vez melhor, entre o essencial e o que não o é, entre o que tem sentido (humano e de fé) e o que não o tem, entre modos responsáveis de agir e outros que não o são. É a partir dessa consciência profunda que precisarei rastrear o sentido de cada situação que vivo, de cada escolha que realizo, analisando em que medida me oriento para o sentido último de minha existência cristã.

Como se deu a entender, não existe nenhuma situação na vida que careça de possibilidade de sentido. Até a trágica tríade de sofrimento, culpa e morte pode transformar-se em algo positivo, pode se converter em serviço quando atualiza a força de minha fé e amor nela. Não o posso fazer sozinho, careço de outros, sobretudo do Outro que sempre me acompanha. Esses diversos modos de presença reforçam em mim a sensação firme de estar acompanhado, quando a dor tenta fazer com que eu me sinta sozinho e abandonado (como Jesus na cruz).

Como enfrento a realidade quando não tenho poder para evitar a dor que ela implica? Antes de tudo, é preciso recordar que existem atitudes diante do sofrimento que permitem dar sentido a algo aparentemente absurdo. São aquelas que ajudam para que minha vida tenha razão de ser, inclusive no meio do insucesso evidente. Isso é escandaloso para um mundo como o nosso que glorifica a eficiência e o bem-estar. No meio dessa minha sociedade, a vida e a morte do mártir adquirem seu imenso valor. Essa testemunha é a que demonstra da maneira mais contundente (com seus sofrimentos e até com sua morte) o que até agora viemos dizendo. São tão fortes seu amor e sua fé que lhe dão sentido a circunstâncias de sofrimento que ele poderia evitar negando suas convicções profundas. Mas, justamente, estas se mostram profundas e valiosas porque existe quem é capaz de entregar o melhor que nós seres humanos temos: nossa vida.

Eu, como cristão, sou seguidor do Mártir por excelência, Jesus. Por fraco que me sinta, também tenho em minhas mãos a possibilidade de crescer até fazer da minha vida um testemunho, um martírio. Talvez nunca derrame fisicamente meu sangue, nem morra de maneira injusta. Todavia não existe outro modo de minha vida se tornar plena se não for por meio do amor apaixonado. É ele que me introduz na única Paixão que teve sentido tão pleno, tão profundo e definitivo, que nos inundou de amor divino, servindo de fundamento para nossa fé e dividindo em duas nossa história.

Sugestões

a. "Meu sofrimento é ocasião para que eu me deixe transformar, não para que os outros mudem, por causa do que está acontecendo comigo." Reflito sobre esta frase, aplico-a à minha vida, sobretudo às situações dolorosas que vivi ou vivo hoje. Escrevo alguma conclusão referente a ela.

b. Todo sofrimento pode ter sentido, inclusive a morte. Estou convencido de que é assim mesmo? Ou acredito que a única escapatória é fugir aterrorizado dessas realidades que, de todos os modos, levo-as sempre comigo a todo lugar?

c. Estou chamado por Deus a ser mártir (testemunha) com minha vida. Alguma vez pensei ou, melhor ainda, experimentei? Conheço pessoas próximas de mim que foram ou são testemunho comprometido de sua fé? O que Deus está me ensinando por meio dessas pessoas?

Deus de meus sofrimentos e minhas alegrias.
Hoje eu me coloco diante de vós para pedir-vos,
uma vez mais, que fortaleçais minha fé
e aumenteis minha capacidade
de verdadeiramente amar.
Somente assim poderei encontrar o verdadeiro sentido
das diferentes circunstâncias da minha vida.
Ajudai-me a ser testemunha (mártir)
de vosso Evangelho.

5 UM GUIA PARA MEU CAMINHO (A *BÍBLIA*)

1 Quando estou para iniciar um caminho novo, preciso examinar o mapa ou o plano do que vou percorrer. Como ser humano, necessito de orientação para não me perder pelos diversos roteiros que me proponho realizar. Esse é um dos significados fundamentais da *Bíblia* para minha vida cristã. Se existe algo que caracterize o seguidor de Jesus, esse algo é ter como referencial o livro da Palavra de Deus, a partir do qual posso adquirir uma visão sobre a realidade semelhante à que Jesus teve.

Como já o sei faz tempo, a *Bíblia* não é acima de tudo um texto de estudo ou um conjunto de histórias antigas. É uma soma de relatos de experiências de fé vividas por crentes em ambientes e em tempos históricos diversos. Sou mais um anel nessa longa cadeia de pessoas que nos faz sentir unidos em um sentido da vida semelhante. Viver sem a *Bíblia* é como ser *órfãos na fé,* visto que ela faz viva essa história que é também a história da minha fé. Nela encontro o manancial de água fresca, o consolo diante das minhas angústias, o olhar de fé sobre minha pequena história pessoal, na raiz da qual surge a Igreja da qual faço parte.

Existe muito material e bem escrito a respeito da Bíblia. Nele bebo sem o repetir aqui. Neste tema simplesmente quero recordar-lhe a importância; também desejo esclarecer que, dentro da finalidade deste livro, sirvo-me de maneira moderada da *Bíblia* (para não o sobrecarregar com citações). Nesta mesma linha prática considero útil transcrever um método simples de meditação de um texto bíblico. As ideias fundamentais eu as tomo do padre Francisco Jalics, com alguns acréscimos pessoais.

Meditar não é o mesmo que estudar. Quando eu estudo, procuro compreender o que o texto diz, memorizar os dados fundamentais e compará-los com outros que já conheço. Esse seria o caso se, por exemplo, usasse o que a *Bíblia* me diz para analisar culturas antigas. Aqui se trata de meditação, que quer ser uma ajuda para experimentar de modo profundo a mensagem. Quando estudo, o que predomina é a inteligência, ao passo que a meditação se orienta para encher meu coração, iluminando minha vida a partir dele. Terminada a meditação, sinto-me distinto, talvez descubra minha necessidade de mudar, que Deus me ama, que não posso deixar de lhe ser profundamente agradecido.

O segredo da meditação de uma passagem bíblica é descobrir a mensagem que este texto hoje traz para mim. Para vê-lo de maneira concreta, vou tomar a passagem da viúva pobre em Marcos 12,41-44:

"Jesus sentou-se defronte do cofre de esmola e observava como o povo deitava dinheiro nele; muitos ricos depositavam grandes quantias. Chegando uma pobre viúva, lançou duas pequenas moedas, no valor de apenas um quadrante. E ele chamou os seus discípulos e disse-lhes: 'Em verdade vos digo: esta pobre viúva deitou mais do que todos os que lançaram no cofre, porque todos deitaram do que tinham em abundância; esta, porém, pôs, da sua indigência, tudo o que tinha para o seu sustento'".

Se for possível dirigir-me-ei a um lugar tranquilo para fazer esta meditação. Isto é necessário, ao menos no início da prática. Quando adquirir experiência, poderei vivê-la até dentro dos transportes públicos, na rua, enquanto trabalho em minha casa... Primeiro leio o texto com atenção, sem pressa.

Volto a lê-lo uma segunda e uma terceira vez. Isso é especialmente necessário se, devido às minhas atividades, estou acostumado à leitura rápida, *a lançar uma olhadela* para procurar o que me interessa. Aqui não se trata de progredir em superfície, mas sim ir mais a fundo sempre no mesmo lugar. Por isso não é preciso apressar o passo e ir para o texto seguinte, porque este não parece ter nada a me dizer. Procuro assimilar os elementos básicos do texto: personagens principais, atos e palavras mais salientes, etc. Então largo o escrito e imagino a cena: o povo em geral, os ricos, a viúva pobre e envergonhada. Admiro sua conduta, sua valentia, a presença de Deus nela.

Agora me interrogo se hoje não se produzem situações semelhantes. Se conseguir encontrar este paralelo, a cena evangélica com sua mensagem adquirirá realce, aproxima-se de mim, toca-me, dói-me, sinto que é real e atual. Hoje também existe gente que não tem nada e todavia está disposta a compartilhar, a dar. Comparo minhas atitudes habituais com as dos ricos e a da viúva: onde me situo? Aplico tudo isto à sociedade na qual vivo e na qual tenho minha parte de responsabilidade. Talvez agora eu compreenda que nunca dei nada de meu que para mim fosse necessário. Sempre dou o que me sobra. Isso me leva a experimentar o profundo egoísmo que habita o fundo do meu coração.

É um bom momento para dirigir uma oração a Jesus, confessando-lhe minha vergonha e tudo o que pensei e senti. Peço-lhe que me ensine a ser generoso e a aprender a dar. Agradeço-lhe o que já dei a outros. Pode acontecer que neste ou em outros momentos da meditação me distraia. Isso é natural. Não vou me entristecer comigo mesmo, mas voltar com serenidade à tarefa principal que tenho em minhas mãos. Ao retornar ao texto, eu o leio de novo e agora o que me atrai a atenção é o olhar de Jesus: não permanece na superfície, mas penetra até o coração. Por isso aprecia mais a generosidade da viúva do que o muito dinheiro dos ricos. Imagino como terá sido seu olhar, como ele me olharia agora, o que me pediria.

2 A partir de todo o texto meditado, posso fazer para mim um propósito concreto; por exemplo: ser mais generoso com minhas coisas e, mais ainda, com minha pessoa em relação aos outros... Nem toda meditação tem de terminar em uma proposta de ação. Em nosso mundo tão pragmático, tenho de fugir da busca da utilidade imediata no que faço, sobretudo nas coisas relacionadas com Deus. Efetivamente meditar a palavra de Deus às vezes serve só para contemplar com admiração e emoção o que Jesus fez por nós, admirar sua sensibilidade, reconhecer-me pecador mais uma vez. Como toda oração, a meditação bíblica dá seus frutos mais frequentemente a longo prazo, partindo dos níveis mais profundos de minha pessoa. Muitas vezes atua como uma chuva benéfica que refresca e torna fecunda a terra, em lugar de transformar-se em torrente arrasadora que tudo destrói em sua passagem.

É certo que existem muitos textos na *Bíblia* que não são fáceis de interpretar, sobretudo no Antigo Testamento. Possuir uma *Bíblia* católica com boas explicações é um bom começo, que devo complementar com minha participação em algum grupo bíblico, adquirir material simples – que agora é muito abundante – sobre esses temas, etc. Para ser um bom cristão não é preciso ser um erudito nem um especialista em *Bíblia*, mas verdadeiramente se requer alguns conhecimentos que servem para enquadrar a meditação de seu texto. A palavra de Deus não é destinada a aumentar meus conhecimentos nem meus títulos, mas para me ajudar a transformar minha vida segundo sua vontade. Isso é o que realmente importa.

Sugestões

a. Se eu não tiver uma boa *Bíblia*, procurarei um jeito de a adquirir, informando-me antes com quem me possa assessorar. Deve ser uma *Bíblia* católica, com boas introduções e notas de rodapé. Um passo prévio pode ser adquirir, por enquanto, um Novo Testamento. Mais tarde será importante ter uma *Bíblia* pessoal que seja meu livro de cabeceira, na qual possa fazer minhas anotações, marcar o texto que mais se prendem ao meu viver, etc.

b. O melhor lugar para ela seria sobre minha mesinha de cabeceira, para estar ao alcance da mão ao deitar-me e ao levantar-me. Ambos são momentos que podem ser especialmente aptos para realizar uma meditação diária (ou ao menos frequente) de um texto bíblico com o método desenvolvido neste tema. Para isso posso começar por um Evangelho especialmente sugestivo (por exemplo, o de Lucas) e até mesmo na ordem em que são apresentadas as passagens. Ou então ler o texto do Evangelho da missa de cada dia.

c. Em minha caderneta de anotações posso ter um lugar especial reservado para anotar impressões, descobertas, sentimentos, propósitos que vou tirando como fruto de minha meditação da palavra de Deus. Não me preocuparei em escrever muito, mas em colocar coisas realmente significativas, mesmo que sejam breves.

Agradeço-vos, Senhor,
o grande dom de amor que é vossa palavra.
Ajudai-me a conhecê-la,
amá-la e fazê-la parte da minha vida.
Guie ela o meu caminhar acima de tudo
nos momentos de dificuldade e de desorientação.
Assim poderei adiantar, nesta vida,
esse eterno diálogo de amor que é teu reino.
Amém.

6 DEUS ATUA EM MINHA VIDA

1 Quero continuar refletindo sobre minha relação com Deus, que habita e atua dentro de mim. Fazê-lo é para mim algo de interesse imenso, pois toca uma realidade central no âmbito da minha existência. Isso implica *proceder à limpeza* de minha mente para deixar *Deus ser Deus*, e não uma fabricação minha.

Conforme tenha sido minha experiência de vida e formação, pode ter ficado em mim a imagem de um Deus exageradamente exigente, agarrado ao cumprimento da lei, juiz de meus atos, pronto a castigar-me perante o menor descuido de minha parte. Esse Deus pode ser vivido por mim como um ditador ao qual preciso obedecer muito mais por medo do que por amor. Tudo o que fez ou que faz por mim terei de pagar muito caro, com sofrimentos e esforços constantes. Mais que sadio temor de Deus, o que eu experimento é verdadeiro pavor, que em alguns casos pode aproximar-se do terror. É uma experiência semelhante à imagem antiga de alguém que habita nas tempestades, no estrondo do trovão e, em geral, em todos os acontecimentos incompreensíveis ou difíceis de dominar.

Esse Deus se impõe a mim por sua força, por seu conhecimento intangível, pelo imprevisível da sua atuação. Minha atitude diante dele tem de ser de submissão incondicional, à maneira de uma criança medrosa e obediente diante de qualquer sinal de autoridade. É impossível amar alguém que não deixa minha pessoa crescer, que me mantém amarrado à sua misteriosa vontade. Caso vivo em um ambiente que promove a autonomia pessoal, para poder desenvolver minha pessoa posso encontrar-me diante do dilema (falso) de praticar minha fé com submissão infantil ou viver em um ateísmo prático.

O Deus verdadeiro não é assim. Todavia, em meu interior, tem grande força a imagem que dele faço. A partir dela estabeleço minhas relações de fé. Graças a Deus, a *exigência* de seu amor deriva de meu agradecimento a ele, e não da imposição exterior de uma norma massacrante e exigente. Dá-me tempo para que eu construa meu procedimento como o Pai do filho mais novo que abandonou a casa paterna (Lucas 15). Seu amor desperta em mim o que há de melhor, surgindo daí uma exigência construtiva para me desenvolver, aumentando em mim a intimidade com ele.

Talvez eu tenha demorado a descobrir um dos melhores segredos de minha fé: que Deus sempre quer o melhor para mim, embora eu nesse momento não tenha apercebido que é o mais adequado. Seu modo de agir é a *longo prazo*, com olhar de longo alcance, como esparramados no tempo estão seu amor e sua paciência. Se me deixo amorosamente guiar por ele, não poderei senão sentir-me *fascinado* pelo caminho de crescimento que me propõe, de modo particular pela boca de Jesus nos Evangelhos.

Sem acusar ninguém, revisarei quantas vezes for necessário a minha história de crescimento na vida de fé. Nela podem ter ocupado lugar de destaque os medos, as faltas de expressões de amor, o rigorismo e o legalismo. Esse conjunto de más influências poderá ter ferido meu íntimo, criando uma couraça defensiva diante dos outros, incluído aí Deus. Será necessário tempo e trabalho de fé para que se vá diluindo, e surja essa criança tímida e assustada que, dentro de mim, continua clamando pelo amor sem limites de que necessita para que sua vida esteja impregnada de sentido.

Necessito buscar em mim um clima de fé, fazendo-me amigo do melhor que há em mim. Ali se torna possível a experiência, tão especial quanto fundamental, do Deus-Amor. É bom que me lembre que, neste assunto, minha ação tem de se orientar para *limpar o terreno* libertando-o dos obstáculos, deixando Deus semear quando achar conveniente. É que nas coisas da fé não sou eu quem manda. Isso pode tornar-se difícil para mim se eu for uma pessoa ansiosa, acostumada a ter tudo imediatamente. Os tempos de Deus não são os meus tempos. Por isso não é possível que encontre aqui *receitas infalíveis* para que melhore minha relação com ele. Tudo o que supõe manipulação da fé não é coisa de Deus, mas sim algo que faço de acordo com meu gosto e na minha medida.

Mesmo sem o procurar, posso experimentar que ele está me dizendo algo. Viverei assim o profundo gozo que dá a certeza de que ele está em mim e na realidade que me rodeia. Talvez isto aconteça agora, ou demore. Não tenho jeito de prevê-lo porque não depende de mim. Por isso, diferentemente do mundo exterior marcado por tempos e objetivos, o de minha relação com Deus está, de certo modo, mais além do tempo. Preciso deixá-lo atuar quando quiser e do jeito que lhe agrade. De minha parte, estou em atitude de espera e de disponibilidade. Tenho minha ceia preparada, minha porta aberta, mas refreio minha ansiedade de sair a todo instante para olhar o caminho e ver se ele vem comer comigo. Ele virá no momento certo, que eu não sei qual é. Além disso, quanto mais eu me assemelhar a uma criança na simplicidade, mais facilmente poderei captar sua presença. Talvez seja por isso que Jesus nos diz que devemos "transformar-nos e fazer-nos como criancinhas para entrarmos no Reino de Deus" (cf. Mateus 18,1-5).

2 Deus é amor. Eu sei, mas anseio experimentá-lo em meu interior e no mundo que está em torno de mim. Para isso preciso descobrir todas as riquezas que em mim (e nos que me circundam) são expressão de sua riqueza, especialmente a maior de todas: o amor. Nesse caminho é de inestimável ajuda o contato com pessoas *espirituais*, ou seja, aquelas que expressam com sua vida uma relação intensa com as coisas de Deus. Na tradição cristã, isso levou muitos crentes a retirarem-se alguns dias em algum mosteiro. Talvez em meu caso isso não seja possível. Mas, de todo o modo, em minha comunidade cristã haverá alguma pessoa que, para mim, encarne esse ideal de quem busca Deus de maneira sincera e perseverante. Procurarei intensificar minha relação com ela.

O amor que me expressam os outros abre meu coração para deixar-me amar por Deus. Este *deixar-me amar* é o primeiro e mais importante de todos os meus empenhos de amor. Ele me amou primeiro; vivo graças a seu amor. Ele é o segredo oculto que faz da minha vida uma realidade com sentido profundo, mesmo que não esteja livre de dificuldades. Devo receber seu amor, deixando-me amar como sou, com minhas limitações, minhas fraquezas, meus pecados. Não se trata de ser melhor para que Deus possa me amar. Trata-se de experimentar o quanto ele me ama desde agora. Graças a isso encontrarei as forças para responder à sua Aliança de amor.

Devido à sua importância, é preciso recordar que o que interessa não são as ideias teóricas a respeito de Deus. Qualquer cristão bem formado sabe que Deus vive nele e que é amor. Mas do saber não deriva o viver. Enquanto em mim isso não se fizer experiência, estarei com o cartaz de anúncio, mas não com a realidade anunciada; estou com uma bela embalagem, mas ainda sem conteúdo. O fundamental é encontrar e seguir com perseverança o caminho que, de modo privilegiado, indicam-me os santos com sua vida para fazer-me amigo de Deus, tal como ele é meu amigo desde que me incluiu no seu plano.

Preciso deixar em segundo plano o nível das ideias para entrar no da experiência de Deus, iluminada pelos meios de fé. Não é um chamado à irracionalidade, mas à descoberta de uma racionalidade diferente da que predomina no nosso mundo. "O coração tem razões que a razão desconhece"; é certo, o caminho para Deus é um caminho de conhecimento com o coração, não de aumento de ideias sobre ele. As ideias virão depois para ilustrar uma experiência de fé que elas não podem substituir. É bom que me forme em uma fé que previamente preciso viver, para que toda a minha teologia não seja um conjunto de conceitos vazios de conteúdo.

Se me entrego de coração aos que Deus mais ama, poderei encontrar o meu Pai com mais facilidade. Por isso os necessitados, os que sofrem, os pobres em geral, são um caminho privilegiado para encontrar-me com esse Deus vivo que habita em mim, mas se torna também real fora de mim. Este caminho de espiritualidade nunca pode transformar-se em intimismo ou em uma piedade vazia; se for autêntico mostrar-se-á na forma de um amor que me supera, que não vem de mim, que me obriga, a partir de mim mesmo, anunciar a satisfação profunda que dá ter descoberto, mediante o amor, o Deus-Amor em minha vida.

Sugestões

a. Deus quer o melhor para minha pessoa. Por isso, estou disposto a facilitar-lhe o caminho para que possa agir dentro de mim, esperando a semente que lançará no momento oportuno. Para aplainá-lo, preciso superar as falsas ideias derivadas de um Deus superexigente ou de um *avô bonzinho* que deixa passar tudo. A exigência verdadeira provém da abundância do amor que hoje experimento por ele. Algumas destas coisas as estou vivendo no meu atual processo de fé?

b. De nada me servirão as minhas ideias sobre Deus se eu não mantiver um contato vivo deixando-me amar por ele para, depois, ser eu fonte desse amor. Estou convencido de que é de fato assim?

c. Alguma vez busquei, de modo consciente, Deus nas pessoas que começaram antes de mim esse caminho de busca e naqueles que mais necessitam de mim? Que frutos consegui até agora?

d. Jesus me propõe tornar-me "como criança para entrar no reino de Deus" (Mateus 18,1-5). Que exigências acarretam isso para mim neste momento da minha peregrinação?

Senhor, só vos peço a graça
de deixar-me amar por vós,
respondendo ao transbordamento
do vosso carinho por mim.
Isso iluminará meu caminho
e me dará forças
para percorrê-lo pegando
na vossa mão de Pai.

7

MEUS SENTIMENTOS (I)

1 Mundo rico e cheio de contradições o dos meus sentimentos! Ocupar-me-ei um pouco dele com ideias próprias e aproveitando alguns elementos que me foram proporcionados pelo psicólogo David Viscott (EUA, 1938-1996).

Meus sentimentos são em mim como um *sexto sentido* que interpreta, ordena, dirige e resume os outros cinco. As emoções têm uma linguagem própria que me é necessário aprender para me relacionar melhor com minha pessoa e com os outros. Para isso devo estar consciente de que necessito comunicar-me bem comigo mesmo se quiser estabelecer uma boa comunicação com os outros. Graças aos sentimentos, experimento-me como ser humano, semelhante a outros. Além disso, meu mundo de todos os dias é, em boa parte, o que eu produzo e o que eu acumulo com esses sentimentos. Por exemplo, se tenho dentro de mim um grande problema não resolvido, tenderei a ver o mundo cheio de problemas e de agressividade, justificando e perpetuando dessa maneira as minhas próprias emoções negativas.

Quando assumo minha responsabilidade em relação a meus sentimentos, me assumo como protagonista do mundo em que vivo. No manuseio adequado do que sinto, tenho uma chave fundamental do domínio de mim mesmo. Sempre será melhor para minha pessoa que meus sentimentos sejam meus aliados, não meus inimigos. Tomarei em consideração que, na medida em que os expresso de maneira mais aberta e adequada, terei de viver menos na defensiva, podendo empregá-los como um guia para interpretar minha pessoa e a realidade circundante.

Para encontrar meu caminho no meio das relações humanas, preciso manusear adequadamente minhas emoções mais do que meus pensamentos. Por isso não é estranho que as mais elevadas consecuções do ser humano não se encontrem na precisão de sua ciência, mas na perfeição de sua arte, levando em consideração que arte é a celebração dos sentimentos humanos em seu ponto de maior brilho.

Minhas emoções surgem como reação à maneira com que vejo o mundo que está ao meu redor. Por sua vez, é a partir delas que percebo esse mundo. Este círculo perceptivo me ajuda a entender que, quando estou em paz com elas, estou aberto à minha consciência profunda. Por outro lado, meus sentimentos mais estáveis são um riquíssimo resumo do que até agora tenho vivido. Esse resumo verdadeiramente se empobrece se, em vez de o experimentar em sua realidade mais natural e imediata, procuro ocultar à minha consciência e aos outros o que sinto. Nesse caso, viverei trancado dentro dos estreitos limites de minhas ideias. Elas me dão uma momentânea sensação de segurança a partir da qual posso contemplar o mundo das pessoas, dando minha opinião sobre elas, mas mantendo-me fora da corrente do que eles experimentam. Assim poderei *julgar* sem, todavia, *compreender* os outros.

Não posso manusear o complexo mundo das relações humanas somente a partir da minha razão. Se olhasse as relações humanas em termos apenas intelectuais, seria como se tentasse conhecer um país somente pelas descrições de um livro de Geografia. Pelo contrário, se me mantiver em contato com minhas experiências interiores, poderei experimentar minha riqueza interior e a da realidade que me circunda.

Tudo o que digo neste tema aplica-se, sobretudo, aos sentimentos dolorosos. Minha reação primeira diante deles será naturalmente de fuga. A questão é saber qual decisão deverei tomar posteriormente. Caso escolha continuar fugindo, negá-los-ei ou intelectualizá-los-ei (reduzindo-os à explicação racional do que me sucede). O resultado disso será que os efeitos dolorosos irão se prolongar no tempo. Os problemas aumentam também quando reajo exageradamente diante de um sofrimento elaborando defesas impenetráveis. Se meus sentimentos estiverem alterados por essas defesas que me separam da dor, o processo de manuseio deles será mais difícil porque assim perco de vista o problema inicial. Construí um verdadeiro drama tomando como ponto de partida um fato talvez simples que deveria ter sido solucionado no momento mesmo em que se produz.

Não conheço a fundo meus sentimentos senão no momento em que os sinto. Alegro-me ou choro, mesmo que o faça na solidão de minha casa. Tudo isso tem como finalidade libertar-me de emoções negativas até onde for possível e expressar de maneira serena as positivas. Desse modo me transformarei, pouco a pouco, em uma pessoa mais harmônica, com um profundo sentido de minha vida. Sentir-me-ei livre do peso de defender-me diante do que sinto por temor ao sofrimento. Será mais criativo para que minha energia interior possa expressar para fora de maneira positiva, construindo uma melhor relação com os outros. Terei mais energias disponíveis para os projetos que empreender, não as desperdiçando em uma inútil luta interna.

Tenho de permitir-me experimentar as etapas naturais de meus sentimentos, sobretudo dos mais fortes e duradouros. Isso permite que viva meu processo pessoal de modo mais profundo e realista. Para isso preciso enfrentar as coisas quando acontecem, não deixando que se transformem em algo que já passou e que continuará me pesando porque não me conscientizei ou não o expressei no momento oportuno. Isto se orienta para o ideal de libertar-me de toda necessidade de distorcer a realidade. É uma ginástica que me permite inclusive evocar situações antigas, examiná-las de maneira atenta e procurar resolver as questões de minha vida que ficaram pendentes. Muitas delas exigirão que eu fale com alguma pessoa um assunto que ficou sem solução, para oferecer de minha parte a oportunidade de resolvê-lo.

2 Se me mantiver com esta atitude de abertura, poderei continuar crescendo como pessoa e filho de Deus. Posso libertar-me de minhas *dívidas emocionais* do passado, vendo com clareza cada vez maior minha forma de ser e perceber o mundo. A vida se torna para mim mais simples quando entendo a necessidade de transformar em minha mente o acontecido, para que eu reconheça meus preconceitos. Até o tempo presente se mostra mais rico à medida que fruo uma atitude mais disponível perante meus sentimentos e os das pessoas com as quais convivo. Um mundo no qual os sentimentos estão vivos e presentes permite experiências mais completas e realistas.

Tudo isto não me liberta do sofrimento, mas ensina-me a enfrentá-lo do modo mais natural possível. Sinto o que me machuca ou me alegra, assumo-o como é e vivo no presente, com uma carga mínima de sentimentos provenientes do meu passado. Pagas minhas dívidas emocionais, estou a caminho de um melhor conhecimento e domínio de minha própria pessoa. Porque, se vivesse com essas dividas, meu mundo seria mais projeção de meu passado em meu interior do que expressão do que realmente me acontece no presente.

Sugestões

a. Copio em uma coluna a seguinte *lista de sentimentos*, colocando à esquerda de cada um a expressão "Sinto-

-me...": acusado, acolhido, abandonado, atribulado, agressivo, ansioso, alegre, angustiado, aliviado, agradecido, envergonhado, afortunado, acabrunhado, isolado, amado, atacado, apreciado, questionado, próximo, contente, compreendido, ciumento, dependente, desprotegido, desgostoso, desiludido, deprimido, desorientado, desesperado, derrotado, desventurado, desanimado, desprezado, entusiasmado, invejoso, esperançoso, furioso, fracassado, frustrado, feliz, afagado, inútil, impotente, inseguro, ignorado, impaciente, indiferente, iludido, irritado, lastimado, molestado, manuseado, obrigado, privilegiado, paralisado, preocupado, ressentido, triste, tonto, útil, usado, valorizado. Continuo a frase com "quando...", seguido por alguma situação de minha vida. Por exemplo, no primeiro caso poderia colocar a frase completa: "Sinto-me acusado quando, ao chegar tarde em casa, todos me olham seriamente".

b. Depois de realizar a tarefa anterior a respeito de meus sentimentos mais frequentes, procuro encontrar em mim as causas desses sentimentos. Evitarei a tentação de colocar o centro de minha atenção na conduta alheia, como se ela automaticamente produzisse sentimentos em mim. No caso do exemplo final do bloco anterior [a], posso descobrir que me sinto acusado nessa ocasião porque acredito que os membros de minha família estão incomodados com o fato de eu estar costumeiramente chegando tarde. Pode ser um preconceito meu sem fundamento. Mas, se não for assim, precisarei procurar saber qual é o motivo. Caso não tenha certeza, devo falar sobre isso de modo sincero, ao menos com alguém da minha família, para descobrir a verdade. Esse é um exemplo bom e simples de como tomar consciência do que sinto; além de ajudar meu autoconhecimento, estimula-me a realizar ações necessárias para melhorar minhas relações pessoais.

c. Medito 1Tessalonicenses 2,7-13 (Paulo sente-se pai e mãe daqueles a quem prega, dando-lhes o Evangelho e até sua própria vida).

Agradeço-vos, Deus meu,
pelo dom dos meus sentimentos.
Agradeço-vos ter eu um coração no qual
sinto as alegrias e dores de minha vida
e da vida dos outros.
Não me deixeis encerrar-me dentro de mim mesmo.
Ajudai-me a expressar minhas emoções
de modo aberto e sincero.

8 MEUS SENTIMENTOS (II)

1 Com profundo sentimento, volto a este tema para o mesmo assunto que foi o centro do anterior. Continuo valendo-me de algumas ideias de Viscott. Se realizei os exercícios sugeridos no final do tema anterior, terei experimentado a riqueza e complexidade desta parte do meu mundo interior. Foi uma boa ocasião para permitir-me sentir o que tenho dentro de mim, sem censura prévia que afirme que isto *é bom* ou isto *é mau*. Sobretudo se recebi uma educação tradicional, a força dos juízos morais pode ser tão grande que eles tendem a invadir toda a minha consciência. Por isso, é bom esclarecer desde o início que os sentimentos são *pré-morais*, ou seja, são algo que me acontece sem que eu escolha sentir ou não sentir. Minha consciência moral os toma em consideração como parte de minha pessoa, mas concentra seu discernimento sobre minhas atitudes e ações. Estas sim exigem um *bom juízo* que oriente minha conduta.

Os sentimentos são indicadores muito valiosos do que estou vivendo. Como vi, não devo reprimi-los em minha consciência ou negá-los diante dos outros quando preciso expressá-los ou quando existe ambiente de confiança para fazê-lo. Por isso, não me deixarei invadir pelo temor de conscientizar-me de algo que parece mau. Meus sentimentos não afirmam nada de definitivo sobre meu valor como ser humano; por exemplo, se estou magoado, isso não significa que sou mau. Aceitar estas partes de mim que não me agradam é parte fundamental de minha aceitação como pessoa. Deste modo, assumo a realidade de meus próprios sentimentos, aprendendo a amar-me com eles, e não *apesar deles*. Se eu me aceito assim, poderei deixá-los sair de mim de modo mais adequado. Se isso me custa muito, não vou estranhar, visto que fazê-lo costuma mostrar-se alarmante. No terreno do emocional é onde todos nos sentimos com menor controle e, por isso, com mais temor.

Se me situo à distância de minhas emoções, dou-lhes poder para tirar-me o equilíbrio pessoal, confundir-me e até imobilizar-me. A pessoa rígida por temor a sentir coisas que não lhe agradam desperdiça suas energias procurando convencer a si mesma e aos outros de que não sente medo, não está ferida, nem magoada, nem triste, etc. Tempo perdido porque, ao esconder minha vida emocional, acabarei vendo o mundo como ele realmente não é. Sinto que todos entraram em acordo para deixar-me tenso e nervoso, ao passo que na realidade a principal raiz de todas as minhas dificuldades está dentro de mim. Esses sentimentos não conhecidos nem reconhecidos como próprios permanecerão não resolvidos, mas não estarão inativos. Por terrível que possa ter sido minha vida passada ou por rígida que tenha sido minha educação, tenho fundamentos (como pessoa e crente) para confiar em meu crescimento futuro se aprender a aceitar minha experiência interior, deixando de desculpar-me a cada instante por isso.

Se não exprimo com liberdade minhas emoções (também as positivas) serei escravo delas, ainda que viva em um ambiente familiar e social de muita liberdade. Não existe pior prisão do que aquela que eu mesmo fabrico ou mantenho. Em todos os lugares, os sentimentos são os que dominam. Desconhecê-los em mim ou nos outros é perder a chave fundamental para entender muitos acontecimentos humanos. Ainda que, com todo este trabalho de abertura, minhas necessidades e limites pessoais não deixem de existir, percebê-los-ei com mais clareza porque estou aberto aos sentimentos que os definem e interpretam. Esses me permitem, por sua vez, adquirir minha própria visão do mundo humano sem depender tanto da opinião dos outros.

São minhas defesas e medos que se interpõem para não permitir que se expresse o melhor de minha pessoa, os tesouros que Deus colocou dentro de mim. A voz de meus sentimentos mais profundos fala em nome dessa parte minha onde Deus, que tudo pode transformar a partir do meu coração, habita. Descobrir minha verdade inclui ser sincero com minhas emoções, sem me desculpar, sem me defender, sem as falsificar nem selecionar as que me convêm.

Tomarei em consideração que:

. Meus sentimentos sem sinceridade são armações defensivas.
. Meu mundo sem sinceridade é nada mais que uma ilusão.
. Minhas recordações sem sinceridade são pura fantasia.
. Meu tempo sem sinceridade não pode nunca ser o presente real.
. Meu espaço sem sinceridade nunca pode ser aqui.
. Meu amor sem sinceridade, além do mais, é espírito de posse.

Sem sinceridade de sentimentos não existe em mim crescimento real, nem liberdade, nem esperança, nem nada pelo qual valha a pena lutar e entregar minha própria vida.

Se não compreendo a mim mesmo e o que experimento, passarei minha vida aprisionado em um mundo cheio de vãos escuros os quais me controlam e dirigem muitas forças arrasadoras. Os muitos sentimentos que habitam minha pessoa podem ser meus amigos, ajudando-me a captar e viver minha existência de modo mais real e completo possível. Eles me *aproximam* o mundo, tornam-no meu. Permitem-me viver no presente de minha experiência, única dimensão do tempo na qual posso exercer influência. Sei que não posso mudar meu passado e que o futuro se torna constantemente o presente que vou vivendo. Eis aqui uma das chaves de minha ação transformadora sobre minha história pessoal.

2 Um dos melhores frutos de tudo isso será aspirar a transformar-me, como ser humano e crente, no melhor de mim mesmo. Quando estou sadiamente conformado com o que sou, posso deixar aos outros ser também aquilo que são, sem procurar manejá-los nem fazê-los ser imagem minha, manipulando-os de acordo com meus caprichos e conveniências. Somente se eu trabalhar por minha harmonia emocional poderei prestar uma ajuda adequada a outros de maneira que não sejam ditadas por minhas próprias necessidades insatisfeitas.

À medida que eu aprender a ser aberto, conseguirei pensar nas situações humanas, acompanhando-as com os sentimentos correspondentes. Eles lhe dão o colorido e a profundidade que de outra maneira não teriam. Isso permite desenvolver em mim a intuição, essa capacidade de *me aperceber* de muitas coisas, embora não saiba como o faço. Essa intuição, muito mais rápida e às vezes incrivelmente acertada para os assuntos humanos, é sempre fruto de quem se adestrou no mundo dos sentimentos próprios e alheios. Ela me permite captar o que poderíamos denominar de *aura emocional* de cada pessoa. Para isso é imprescindível ter bem afiado meu *ouvido interior* para as vibrações vitais dos outros.

Nisso não existe nada de magia. Despertei para uma dimensão que até agora estava em mim adormecida. Isso me abre a porta para uma nova fonte de sabedoria, fruto de minha própria experiência, que agora se mostra como um caminho para começar a percorrer. Nada vai ser fácil de imediato; mas se sei por onde caminhar, já adiantei muito nesse rumo de crescimento interior. Se em conversas consigo expressar adequadamente a outra pessoa o modo como a sinto: "Sinto-te entusiasmada, ou distante, ou assustada...", posso dar início a diálogos profundos que antes nunca havia sequer sonhado. Não se trata de provar de modo racional ao outro o que eu sinto, mas de comunicar-lhe com humildade, como ponto de partida de um diálogo vital, não simplesmente intelectual.

Quando progredir nesse caminho, aprenderei a ouvir os avisos interiores de meu mundo emocional. Poderei até intuir os perigos que me espreitam. Esse é um bom momento para fazer uma pausa e me perguntar, com a ajuda de minha inteligência, "O que está acontecendo aqui?". Quem sabe eu consiga integrar cada dia mais as minhas dimensões do *pensar* e do *sentir* para poder ser mais humano, desenvolvendo com agradecimento os dons incontáveis que Deus colocou em mim.

Sugestões

a. Faço uma lista das pessoas que hoje são mais importantes para mim. Ao lado de cada nome anoto os sentimentos mais habituais que costumo viver em minha relação com cada uma delas, tanto quando estão presentes como quando não o estão. Posso incluir aqueles que já não vivem, se continuam sendo significativos em minha vida. Não se trata de me perguntar o porquê de meus sentimentos, e sim de escrevê-los no papel sem pensar muito. Um esclarecimento: existem sentimentos que posso expressar melhor com imagens que os simbolizem. Exemplo: "Com Marta sinto-me tranquilo como diante de um belo entardecer".

Para responder no final: quais são os sentimentos que predominam no modo como me relaciono com os outros? O que me ensinam sobre minha pessoa?

b. Aplico o mesmo exercícios às relações derivadas de minha fé cristã. Hoje o que sinto a respeito de Deus Pai, Jesus Cristo, o Espírito Santo, a Virgem Maria, alguns santos...? Neste nível devo demonstrar minha sinceridade, pois não se trata de *me obrigar a sentir*, mas de expressar com humildade o que vivo ainda que me pareça pobre.

No final da tarefa dou um olhar geral a este ponto, ajudando-me com a mediação de João 14,18-23 (voltarei para ficar convosco). Procuro recolher o que me ensina tudo isso sobre a riqueza pessoal de minha fé, sobre minhas dúvidas, conflitos, necessidades de crescimento...

Vós sabeis, Senhor,
quais foram e são meus sentimentos.
Eu vo-los entrego junto com toda a minha pessoa.
Ajudai-me a sentir-vos muito dentro de mim,
a viver intensamente essa relação apaixonante
para sentir-me sempre como vosso filho
e como irmão das outras pessoas.

9 A DESILUSÃO

1 Neste tema vou procurar aprofundar alguns pontos dos processos de ilusão e de desilusão que vivo em minha vida.

No ponto de partida de toda grande desilusão existe uma grande ilusão. Isso cumulou minhas expectativas do momento. Senti-me tão satisfeito e o experimentei com tanta força, que imaginei que esse estado de ilusão não poderia passar jamais. A força do enamoramento de um casal de noivos ou recém--casados é o exemplo clássico dessa situação, embora aqui eu me refira de modo amplo às muitas ilusões e desilusões que posso experimentar em minha vida. Veremos como me sinto e procedo nelas.

Na etapa da ilusão revivo, de certa maneira, essa grande experiência inicial de minha vida na qual tive quem resolvesse todas as minhas necessidades (minha mãe), sentindo-me especial e de grande importância para ela. Embora não o recorde, nessa etapa vivi uma grande variedade de expressões de atenção, amor, interesse, cumplicidade que troquei – como bebê – com minha mãe. Como naqueles tempos, agora com a ilusão experimento uma sensação que absorve toda a minha pessoa, dando-lhe um sentido especial a tudo o que estou vivendo.

Algo assim tão profundo não pode durar muito tempo. Eu confiava que as coisas aconteceriam por si sós, que essa *magia* continuaria em frente sem esforço de minha parte.

Justamente essa confiança permitiu apagar de modo sutil o encanto inicial. Deixei de estar concentrado na pessoa, grupo ou atividade que me encantava, para começar a ressaltar os defeitos que agora aparecem cada vez com mais destaque. Sinto-me amaldiçoado, *expulso do paraíso*, com uma sensação crescente de solidão e de desengano. Tantos projetos e sonhos vivi com este grupo, nesta atividade, com esta pessoa, para terminar agora nisto?

Agora a realidade vai se impondo com toda a sua força. Como resposta, deixar-me-ei arrastar por uma atitude de afastamento dos outros, apatia, desinteresse. O fechamento em mim mesmo, não dar importância ao que acontece, entregar-me a uma atividade maluca costumam ser respostas que dependem de minha tendência introvertida ou extrovertida. Se a desilusão for grande, poderei pôr em discussão o sentido próprio de minha vida. Embora não pense na morte como saída, a atual experiência obscurece todas as minhas expectativas para o futuro. Assim como no momento da ilusão parecia que, daí para a frente, a vida seria bela, plena de euforia, com tudo sendo dado facilmente, agora minha previsão é de um caminho muito exigente. Para piorá-lo, não surgem com naturalidade expectativas de algo melhor no fim desse caminho. Posso começar a construir juízos muito amargos sobre minha pessoa, considerando-me um fracassado. *Sou um desastre, nada sai bem para mim, não acerto uma, não vale a pena tentar...* Transformo-me, assim, no pior inimigo de mim mesmo, de minha superação e crescimento.

Aquilo que no momento da ilusão inicial, veio gratuitamente, agora quem o terá de colocar preciso ser eu. Terei forças para fazê-lo? Em muitos casos é tão grande o golpe da desilusão que minha tendência inicial é a de *jogar tudo fora*, abandonar o caminho escolhido, voltar ao de antes. "Foi um belo sonho" poderei dizer depois, ao recordar o que aconteceu. É certo, existem belas experiências que somente realizam em minha vida a função de consolação ou de um oásis no meio do deserto. Porém existem outras que são a grande oportunidade de que preciso para iniciar algo novo.

2 O valor de minha pessoa merece que nesta segunda etapa (desilusão) eu coloque muito de mim para superar as dificuldades. Recordar e reviver em minha imaginação tudo o que experimentei pode me dar forças para viver o positivo de minhas convicções profundas, superando a escravidão dos sentimentos variáveis do momento. Se na primeira etapa, além dos sentimentos, vivi o que aqui chamamos *paixão*, então é mais provável que me possa manter de pé, lutando para superar a desilusão.

Os momentos difíceis são ocasiões preciosas para minha fé. A fé não é para *usá-la* no meio das dificuldades e depois deixá-la de lado. Todavia é certo que quando as seguranças humanas falham, quando me sinto *no meio do deserto*, na intempérie, então minhas convicções de fé brilham com uma luz muito especial. Essa fé se exprime como fortaleza no interior de minha pessoa. É também comunicação sincera com esse Deus que habita em mim e relação de amor e apoio com a comunidade cristã da qual me sinto parte ativa. Conforme forem estes dois últimos níveis de comunicação, será a força com a qual poderei contar para enfrentar as pequenas e grandes desilusões da minha vida. Pouca utilidade tem agarrar-me de modo desesperado em Deus ou recorrer a membros da Igreja (sacerdotes, outros cristãos em geral), se o habitual em mim tem sido uma existência na qual a prática da fé ocupou lugar insignificante e deixou de ter importância em minha vida.

A paixão para viver, ao ser *para viver,* dá-me nesses momentos as forças para não me negar à vida, para não pensar na morte, para não fechar em mim mesmo como se o mundo tivesse acabado. Já falamos, em outra parte, a respeito da importância de *tomar distância* de meus problemas para vê-los com maior clareza, com mais objetividade e serenidade. Agora somamos a isso o ajudar os outros. Que isso quer dizer?

Quando, como fruto de meu amor, entrego-me a ajudar os outros em seus problemas, acabo, com naturalidade, relativizando os meus. Talvez porque eu tenha sentido muito menores os meus problemas quando conheci a fundo os imensos dramas que outros vivem. Quando me fecho em mim mesmo, em meu pequeno mundo, chego a pensar que sou a pessoa mais desventurada, que ninguém vive e sofre problemas tão tremendos quanto os meus. Mas quando me abro para os outros, para a grande dor do mundo, para a miséria e opressão que tantos irmãos vivem, considero-me afortunado. Assim, aprecio melhor poder ver quando me encontro entre cegos, e poder andar quando me encontro com pessoas que não o podem fazer. O contato com a dor, embora não seja fácil, é muito reconfortante para tantas enfermidades interiores que deterioram em mim a paixão por viver.

Por que caí em uma desilusão tão grande? Em parte existe algo de natural no processo, como já se disse. Mas também o modo superficial, pouco comprometido com que vivo muitas coisas quando estou alegre, facilita a pronta e dura queda. Parece que eu necessito, às vezes, do sofrimento e do insucesso para aprender a tomar a vida a sério, para procurar as ajudas que preciso, para valorizar minha fé. Justamente aqui se encontra uma das chaves: ao não estar em relação profunda com o Deus que habita em mim e com as pessoas que amo, minha alegria se baseia em uma resposta imediata ao agradável dos acontecimentos do momento. Apenas a realidade se obscurece, sinto que não posso estar alegre, que tenho de acompanhar com minha sensação interior os males externos. Não construí um jardim interior onde possa dialogar com Deus nem criei um lar acolhedor para meus irmãos. Espero tudo dos acontecimentos exteriores, como se deles dependesse minha felicidade. Este enfoque equivocado das coisas é fonte de muitos dos males a que me referi neste trecho.

Um exemplo deste estar *voltado para fora* é a busca de compensações, distrações, atividades que me ofereçam prazer e me levem a esquecer por um momento o que estou vivendo. Tudo isso pode servir só como complemento de uma atitude interior acertada, de uma alegria profunda de ser quem sou e de ser amado por Deus e pelos outros. Mas não pode substituir o que somente essa atitude habitual me pode dar. Prepararei o interior do meu barco para as grandes tormentas que a vida tem para mim preparadas.

Sugestões

a. Como vimos, perante as desilusões existem diversas reações: fechamento, dar importância ao que me acontece e me faz sofrer, voltar-me para uma atividade inconsequente. Identifico-me com alguma dessas reações? Que frutos consegui para mim mesmo e para os outros agindo dessa maneira?

b. Quando fracasso, sou muito duro comigo mesmo? Culpo os outros? Quanto me custa recuperar a esperança a respeito de um futuro melhor, apoiado em minha fé?

c. A frase "às vezes o pior inimigo de mim sou eu mesmo" mexe comigo?

d. A fé precisa ser vivida e alimentada tanto nos belos dias de sol quanto no meio das grandes tormentas. Como me vejo diante disso?

e. Uma opção de vida é *viver fora de mim mesmo*, esperando que os outros e os acontecimentos de fora me deem alegria e entusiasmo. Essa é uma atitude predominante em minha vida? Ou descobri fontes de felicidade mais profundas e duradouras dentro de mim, em meu jardim interior?

f. Medito o texto de Jeremias 15,10-21 (dificuldades do profeta e consolo dado por Javé).

*Deus meu, neste momento coloco diante de vós
minhas desilusões, passadas e presentes.
Sabeis como sofro nelas, e como me magoa
que outros sofram ao me ver triste.
Só vos peço que me continueis acompanhando
como sempre o tendes feito.
Agradeço-vos por estardes sempre dentro de mim,
cuidando do meu jardim interior,
ajudando-me a construir em meu coração
uma aquecedora lareira para os outros.*

10

A REVOLTA (I)

1 Para encarar este tema, vou servir-me de ideias apresentadas por um irmão meu da Congregação, o padre Aldo Drewniak. Em um artigo seu constato que, como ser humano, disponho de um mundo interno rico e complexo, o mundo dos sentimentos. Posso enumerar muitos deles simplesmente delineando uma lista levantada a partir de um dicionário. Vivo meus próprios sentimentos, diversos dos alheios, com tonalidades, graus e surpresas completamente pessoais. Eles indicam se as minhas necessidades mais profundas se encontram ou não satisfeitas de modo adequado.

Meus sentimentos são uma riqueza que talvez não conheça nem valorize de maneira adequada. Posso entendê-los como sinais de fraqueza que é preciso dissimular, deles me envergonhando. Posso ser um daqueles que só admitem tais sentimentos em momentos muito especiais (casamentos, funerais...), deixando-os de lado no dia a dia. Não obstante, não há nada mais meu que meu mundo interior com seus sentimentos. Eles se revelam a mim a cada dia com sua própria surpresa e sua riqueza humana inigualável. Enquanto não os conhecer e valorizar, não me conheço nem valorizo a mim mesmo.

Posso pensar que meus sentimentos são indicadores de minhas culpas ou que experimentar sentimentos desagradáveis, como revolta, raiva, ciúmes ou agressividade, me tornam uma pessoa má. Isso é um equívoco. Não escolho sentir o que sinto, por isso não sou moralmente responsável por meus sentimentos, mas sim por minhas atitudes e ações. Meus sentimentos são como as luzes vermelhas do painel do carro que me indicam se meu motor está superaquecido. Também por isso são muito valiosos.

Depois desta introdução, passo a dedicar um momento para meditar sobre um sentimento que pode me encher de muita culpa: o da revolta. Dentro do ensinamento cristão me é conveniente relacionar a revolta com a *ira*, muitas vezes negativa sob o ponto de vista moral. Tem-se considerado *ira* o impulso a reagir contra alguém ou algo que me contrariou. Se a ira for moderada poderá ser um meio normal para restabelecer a justiça que foi fragilizada. Nesse caso pode ser equivalente ao que aqui chamo *revolta*. Mas não posso deixá-la viver em mim como ódio ou sede de vingança, porque isso envenena meu interior e potencializa em mim, agora ou futuramente, um modo negativo de atuar. Justamente a adequada expressão da revolta, de que venho falando neste tema, ajuda a prevenir esses extremos.

Diante da revolta e de outros sentimentos, a primeira regra é que preciso reconhecê-los e expressá-los, do contrário se transformam em meus inimigos interiores. A revolta geralmente prende-se a uma perda física ou simbólica (algo que me roubaram, o apreço de outros que julgo ter perdido). Como perda, deixa uma ferida em meu coração; carece de uma abertura para que se expresse normalmente, transformando-se assim a ferida em uma simples cicatriz. O primeiro passo é então reconhecer a perda por meio da revolta, para depois dirigi-la para o objeto adequado. Exprimir de maneira adequada esta revolta é uma medida saudável e necessária para manter meu equilíbrio emocional.

Isso não quer dizer que a revolta seja um sentimento agradável, nem que procurar sua origem seja uma tarefa fácil. A fonte de minha ferida pode ser muito difícil de encontrar. Como ajuda para isso é necessário estar atento às reações de meu corpo, como: aumento de pressão sanguínea, taquicardia, sudoração, etc. Se, além disso, tiver a coragem de fazer com uma pessoa adequada a análise de todo o percurso dos meus sentimentos mais intensos, terei dado um bom passo em meu crescimento em liberdade. Às vezes minhas dificuldades aumentam porque me acostumei a ignorar os problemas afetivos diante de minha consciência e diante dos outros, preferindo calar-me e não ser sincero com quem me causou revolta. Nesse caso, os sentimentos reprimidos escondem-se e se reproduzem; depois procurarão buscar outros canais de expressão, como o mau humor cotidiano, uma alergia, uma dor de cabeça, aborrecimento, etc.

Posso ser uma das pessoas que se sentem muito envergonhadas com a imagem que apresentariam de si mesmas se manifestassem sua revolta ou admitissem que sofrem. Ou daquelas que pensam que a raiva curtida a sós passa com o tempo. Caso eu tenha uma atividade na qual cuido de minha imagem social, posso temer fazer uma cena feia que me deixará mal diante dos outros. Se procuro controlar tudo, meu medo fundamental pode ser que, deixando escapar minha revolta, perca o controle sobre o qual baseio grande parte da minha estima. São atitudes que atuam como desculpas, escondendo o inimigo dentro do meu próprio coração.

Quando reprimo um sentimento intenso, ajudo a perpetuá-lo. É como ignorar a luz vermelha no painel do carro; a única coisa que consigo é estragar o motor por não ter levado em consideração o aviso que deu, procurando uma saída adequada. Esse pode ser o caso dessas pessoas que estão permanentemente de mau humor, que se queixam de tudo e lançam a culpa em todos. Posso ser desse tipo de pessoas que não chega a identificar o centro causador de seus males. Se não consigo encontrar a fonte dos meus males, também não poderei assumir meu protagonismo neles. Se eu admitisse ao menos uma parte de minha responsabilidade, encontraria a paz que Deus e a vida concedem quando coloco as coisas em ordem.

Não posso esquecer de que toda ação incorreta deixa em meu interior um resíduo de culpa da qual minha consciência exige reparação.

2 O modo de expressar minha revolta será muito pessoal de acordo com meu modo de ser. Talvez só precise jogar fora o motivo pelo qual me revoltei, como o faz Jesus nos Evangelhos. Ou precise de uma maior expressão corporal que tire de mim tudo isso que me machuca. Em qualquer dos casos é fundamental expressar o que sinto à pessoa ou grupo adequado, de maneira apropriada. Com exceção de casos extremos, nada ganho fazendo de qualquer jeito ou em qualquer lugar.

Viver e expressar de modo adequado minha revolta é um direito e uma obrigação que tenho como ser humano. É viver eu mesmo, tomando consciência do que habita minha pessoa, aceitando o desafio de conhecer-me e de reconhecer-me para crescer dia após dia. Por isso não devo lamentar minhas revoltas nem me envergonhar por senti-las e expressá-las. O que devo realmente aprender é expressá-los de modo saudável. Para isso ajuda-me a compreender que todos nos revoltamos quando nos ferem; caso contrário não seríamos humanos. Tenho de evitar sobrecarregar a pessoa errada com culpas que não lhe correspondem porque são de outros e, às vezes, são minhas. Tenho de começar por mim, pois sou a fonte de meus maiores problemas, tomando com o melhor humor possível os limites de minhas capacidades. Isso me dará uma maior liberdade para sentir meu interior e expressá-lo a outros como eles e Deus esperam que eu o faça.

Sugestões

a. Faço uma lista das coisas em mim mesmo que me causam revolta: atitudes, costumes, fatos recentes... Por que me machucam tanto esses pontos?

b. Aproveito a tarefa do ponto anterior para escrever o que aprendi sobre minha pessoa com tal resposta.

c. Leio estes textos: Lucas 9,54-55 (Jesus repreende dois discípulos); 11,40-54 (acusa fariseus e mestres da lei); João 2,13-16 (expulsa os mercadores do templo). Contra que coisas se revoltava Jesus? Que aprendo dele para minhas revoltas?

Senhor, eu vos agradeço pelo dom
dos meus sentimentos,
os agradáveis e os desagradáveis.
Ajudai-me a aceitá-los como parte de mim,
a aprender com eles e a expressá-los
de modo construtivo.
Desse modo poderei construir minha pessoa,
ajudando minha família e minha comunidade cristã.
Poderei crescer também
em liberdade interior e proximidade de vós.
Eu vos agradeço por me escutardes.

11

A REVOLTA (II)

1 Por sua importância, o tema sobre a revolta merece que seja aprofundado um pouco mais. Aproveitarei algumas ideias de David Viscott. Ele adverte que se alguém diz que nunca se revolta, o que está dizendo na realidade é que não reconhece sua raiva ou a oculta porque tem medo do que ela possa revelar de sua pessoa.

Como já sabemos, pelo que falamos no tema anterior, para que uma perda seja superada e se cure a ferida, a revolta provocada deve contar com um canal adequado de expressão. Expressar revolta é uma resposta natural e saudável, necessária para manter o equilíbrio de nossas emoções. Isso me leva a sentir-me libertado, aliviado, como tendo cumprido um dever com minha própria dignidade de pessoa e filho de Deus. Nunca é justificável enterrar a própria revolta, pois as defesas que levam a realizar isso passam a canalizá-la para dentro de minha própria pessoa. Algo em meu interior vai pagar por essa revolta não expressada (meu estado anímico, minha saúde física, ou ambos). Todavia o fato de que eu atue como revoltado não significa que esteja resolvendo *minha* dor de um modo correto. Para que isso ocorra deve haver um contato real com o ponto de origem da ferida.

Existem pessoas que sofrem grandes travas emocionais que não lhes permitem sentir de maneira consciente sua revolta nem manifestá-la a outros. Essa falta de sensibilidade, com o decorrer do tempo, se paga muito caro. E o mesmo que lhes impede experimentar a revolta é o que as torna insensíveis a muitas experiências humanas, não sabendo como responder aos sentimentos dos outros. Ao não ter acesso ao mundo dos seus próprios sentimentos, veem-se impossibilitadas de manuseá-las numa sadia relação de intimidade. Qualquer situação muito carregada de sentimentos (o nascimento ou a morte de um ente querido, por exemplo) deixa-nos desorientados, sem saber o que dizer nem o que fazer. São as pessoas *cegas* aos sentimentos, que não sofrem (conscientemente), mas também não apreciam muitas de suas experiências. É difícil que elas experimentem paixão pelo viver.

Se eu entender de verdade o que sinto, não vou ficar pensando em silêncio sobre a minha dor. Pelo contrário, vou encarar abertamente a pessoa que me feriu nos termos mais breves possíveis, dizendo-lhe o que aconteceu e como me senti na ocasião em que fui magoado. É importante ser objetivo nisto, sem exagerar as coisas, sem me fazer de vítima, nem lançar a culpa no outro e muito menos depreciá-lo como pessoa. Se a outra pessoa com a qual falo isso em particular nega ter-me magoado, voltarei a assinalar o sucedido, dizendo que eu sei bem o que sinto. Também ela pode argumentar (para não reconhecer sua responsabilidade) que sou demasiado sensível, que foi apenas uma brincadeira; diante disso é bom assinalar que a sensibilidade de cada pessoa é diferente, que o que para um é uma brincadeira, para outro gera sofrimento. Essa atitude ajuda a esclarecê-lo que lhe faço conhecer esta minha sensibilidade para que a leve em consideração no futuro.

Se percebo que o outro me feriu deliberadamente, vou dizer-lhe de modo direto, explicando-lhe que o interpreto como fruto de sua revolta do momento. Se o caso parece ser esse, convém que lhe peça que na próxima vez seja mais direto no que expressa, dizendo qual é o problema sem causar mágoas desnecessariamente. Recordarei que se alguém me magoa intencionalmente, a atitude negativa é dele, é problema dele; se eu deixar que me magoe o restante do dia se transforma em um problema meu.

Por outro lado, devo ficar preparado para que meu modo direto de expressar o que sinto chame a atenção de algumas pessoas e até lhes desagrade.

Para Viscott existem três tipos de personalidades: a dependente, a dominante e a ávida de estima. Os dependentes pensam que sentir raiva é prova de que não são dignos de ser amados. Temem ser abandonados e por isso trancam sua revolta. Costumam deslocá-la para objetos ou pessoas inofensivas. Já os dominantes costumam equiparar a expressão de revolta com perda de controle. Procuram esconder as mágoas e a raiva consecutiva mediante complicados mecanismos mentais. Os sentimentos acabam reaparecendo de formas diversas. Essas pessoas sempre procuram desculpas para não mostrar o que sentem. É muito difícil para elas admitirem que foram magoadas por alguém e que estão revoltadas. Podem falar com facilidade sobre seus sentimentos, mas suas palavras estão o mais distante possível das emoções. Sobretudo nos casos mais extremos, é difícil tratar com pessoas dominantes porque estão tão envolvidas no intelectual e tão afastadas de seus sentimentos que parecem não vibrar como seres humanos. Finalmente, temos os ávidos de estima que disfarçam seus sentimentos. Estes costumam manifestar-se mediante males físicos variados. Farão qualquer coisa para não perder a estima das pessoas que consideram importantes. Talvez durante anos tenham ocultado suas verdadeiras emoções no âmbito familiar ou no grupo de amigos para não correrem o risco de se sentirem expulsos ou abandonados, sozinhos. Todos somos uma combinação única desses três tipos de personalidade.

2 No início, o processo de aprender a reconhecer e expressar sentimentos negativos é doloroso. Todavia terei minha recompensa, quando os sentimentos aprisionados da dor e da revolta do passado surgirem e escaparem de meu interior *mon-*

tados em meus sentimentos semelhantes do presente. Se me habituar a ser mais aberto, admirar-me-ei de que pouco tempo e energia preciso para manter meus sentimentos em dia.

É certo quer neste mundo tão complexo em que vivo não posso expressar face a face minha revolta a todos aqueles a quem precisaria fazê-lo (por exemplo: a um chefe no trabalho, a um político...). Porém posso deixar que em minha mente seja ele quem se encarregue do problema, visto que foi ele quem atuou mal. Minha fé me ajudará a assumir essa parte da realidade que não posso mudar, dirigindo à oração tanto sofrimento que me invade, tantas revoltas por problemas que parecem não ter solução. Agradecerei ao Senhor que, ao menos naquilo que de mim depende, os sentimentos de revolta sejam resolvidos.

Para os que seguem Jesus, resta ao menos uma reflexão final sobre esse tema da revolta. Como dissemos, é bom expressar o que sinto, diferenciando o que é minha responsabilidade e o que é responsabilidade de outros. Mas nossa fé não nos estimula a nos desentendermos nem com o irmão que me magoou. Jesus fala até do "amor aos inimigos" (Mateus 5,43-48), salientando a necessidade de deixar tudo de lado para recompor uma relação rompida (Mateus 5,21-26). Expressarei minha revolta ao que me magoou, falar-lhe-ei de modo claro e firme; mas o que não posso fazer como cristão é transformá-lo em inimigo dentro de meu coração, negando toda possível relação com sua pessoa no futuro. Se alguém me magoa com frequência, nada me obriga a deixar que me firam de maneira passiva. Mas sim a manter-me aberto para perdoar e recompor uma relação que se rompeu, se ocorrer oportunidade para isso.

Sugestões

a. Ponho exemplos de fatos importantes para mim nos quais enterrei minha própria revolta em vez de expressá-la. Que consequências acarretaram esse procedimento para a minha vida pessoal e para minha relação com os outros?

b. Busco também exemplos nos quais expressei minha revolta de modo mais ou menos adequado. Quais foram os frutos que consegui com essa atitude à medida que foi passando o tempo?

c. Tenho sido e sou cego aos sentimentos? Se isso, ao menos em parte, acontece, que repercussões refletem em minha vida e em minha relação com os outros e com Deus?

d. Repasso os três tipos de personalidade descritos neste texto: dependente, dominador, ávido de estima. Com qual me identifico mais? O que isso me ensina sobre minha pessoa?

e. Releio o último parágrafo. Como me vejo atuando como cristão perante os que me causaram ou causam revoltas?

f. No contexto de todo esse tema, medito Mateus 5,21-26 (Vai primeiro reconciliar-te com teu irmão).

(Para momentos de revolta)
Meu Deus, sabeis que estou muito revoltado com...
Ajudai-me a expressar de modo sensato o que sinto.
Acompanhai-me na tarefa
de curar as feridas do meu coração
para que possa colocar, no tocante
a mim, todo o necessário
para voltar a permanecer aberto
e recompor nossa relação.
Fazei-me sentir com força vossa presença
nos momentos de revolta
para que possa sair logo deles e voltar a experimentar
a alegria e liberdade que me dá vosso amor.
Muito agradecido, Senhor.

12

AS CRISES

1 Um dos fatores mais importantes para meu crescimento vital são as crises. Existem alguns sinais das crises na vida adulta que merecem destaque, visto que posso vivê-los agora ou em um futuro próximo. Antes de tudo está a tendência de ignorar minha própria idade diante de mim mesmo ou menti-la aos outros, com uma atitude ciumenta diante dos mais jovens. Isso pode levar-me a ser inflexível perante as propostas alheias, com mania de criticar todas elas. Mostro-me assim hostil para com tudo o que é novidade.

No outro extremo, posso ser tentado pelo *rejuvenescimento* para o qual está tão inclinada a atual sociedade e até mesmo alguns setores eclesiais. Implica uma adesão incondicional às modas do momento, às maneiras de vestir, de falar, ideias, etc. das novas gerações. Para quem vive essa radicalização, nós, os adultos, não temos direito de analisar criticamente tal realidade, pois seríamos tachados de conservadores. A maneira de *estar na moda*, sem sentir o peso da idade, seria nos unir às ideias e ações dessas novas gerações para gozar da alegria fácil que às vezes lhes é atribuída.

Toda crise implica mudança de pontos de referência, falta de certezas e, portanto, busca de seguranças. A esta altura da vida as coisas materiais, até as mais ridículas, podem dar-me essa migalha de firmeza que me está faltando. Por isso posso sentir-me invadido pela febre do colecionismo, de guardar coisas ou dinheiro só para mim, procurar prolongar-me numa obra material que perpetue meu nome... Além disso, a vida me golpeou muito; o que me levou a ser cauteloso até o exagero estagnando-me no que consegui. Por isso as frases emblemáticas, marcantes, poderiam ser: "Já lutei bastante. Outros agora se encarreguem das responsabilidades. Deixem-me em paz!".

Pode ser que quando jovem tenha sido formado em uma determinada atitude espiritualista, vivendo a religiosidade como uma espécie de *mundo à parte*, superior ao terrestre. Nesse caso posso desviar-me para o outro extremo, com uma atitude pragmática que deixa de lado os grandes ideais cristãos em busca de soluções chamadas *realistas*. A verdade é que essas atitudes conservam uma realidade diante da qual agora não quero criar conflitos. Ajusto-me à cultura ambiental, buscando o que me dê resultados fáceis e imediatos. A sociedade atual os proporciona para mim com generosidade, sobretudo se conto com os meios econômicos para chegar a eles. Cada vez preciso de mais coisas, mais comodidades, mais gastos *extras* para sentir-me *normal*. Estou caindo em um "aburguesamento" que, não faz muito tempo, eu tinha criticado de modo muito amargo. No fundo pode existir em mim um desencanto em relação à minha fé e a seus valores, com uma perda mais ou menos grave do sentido da mesma.

Dói-me reconhecer que estou mentindo a mim mesmo e que procuro fazer isso com os outros. Ponho máscaras em minhas próprias crises, negando-me a entregar meu amor sem reservas. Vou me tornando medíocre, porque renunciei viver a fundo a minha fé. Com isso perco a capacidade de sofrer com sentido, mas também a de gozar profundamente minha existência. Pouco parece restar da paixão de viver que alimentou os melhores empreendimentos da minha existência. Conformo-me com o cumprimento dos meus deveres pela metade, procurando *ser como os outros*, sem sobressair para não correr riscos. Já aprendi que na vida acontece o mesmo que aos pregos de uma mesa: se se tornam salientes não faltará quem os afunde a marteladas... Não estou disposto a sofrê-las em minha própria carne. Tudo isto me leva a adaptar-me ao que me convém em cada momento, procurando tirar daí a maior vantagem.

Minha relação com Deus é a chave de minha espiritualidade. Que acontece com ela no meio destas crises? Existe uma palavra clássica que pode defini-lo: a *tibieza*. Esta forte tentação do adulto consagrado a Deus que está em crise se expressa em um acostumar-se às coisas sagradas; esse "habituar-se" cria uma cobertura de insensibilidade e rotina. Viverei a oração, os sacramentos, o contato com a palavra de Deus como parte de meus costumes, sem que nada se comova em mim. Custará cada vez mais me encontrar face a face com Deus; essa falta de contato vivo com ele favorecerá que meu interior se enrijeça. Passarei a ter uma atitude de superficialidade que tudo bisbilhota, não conseguirei ficar em silêncio quinze minutos, sempre atrás das últimas notícias, pronto para falar mal dos outros, etc. Como fruto deste fechamento, o meu sal vai se tornando insípido, como diz o Evangelho (Mateus 5,13). Por isso, pode ser que o meu apostolado eu o viva mais por obrigação do que por convicção. Nesse caso já não estará ardendo em meu interior aquela paixão que me levava a entregar-me aos outros sem reservas.

Tudo isso tem a ver o que se costumou chamar de *demônio meridiano*, o demônio do meio-dia. Na jornada dos monges, era a tentação a romper o jejum lá pela metade do dia. Na vida humana, é a de deixar cair todos os ideais quando a própria vida vai começando a gastar os primeiros anos de sua segunda metade. Acontece, sobretudo, a pessoas muito comprometidas com sua fé (religiosos, sacerdotes, etc.). Por isso, este demônio aparece como a *tentação dos bons*. É muito perigosa porque ao conhecer tanto as coisas da fé, sempre inventarei justificativas para atuar como estou fazendo. Nesses casos precisarei cair de maneira estrepitosa como a queda de Paulo, no caminho de Damasco, para abrir os olhos à verdade.

2 Com o decorrer dos anos, minha história passada foi tomando forma e adquirindo importância para minha consciência. É a oportunidade que tenho para me reconciliar com ela, articulando as diversas etapas da minha existência como parte do amoroso projeto de Deus a respeito de minha vida. Isso deveria me ajudar a não cair em uma inútil fuga do meu passado; também evitaria que eu o veja como um conjunto de anedotas ou casos isolados que não formam uma história de salvação.

Se a fé foi importante para mim, agora será o tempo de grandes crises (purificações) da mesma. Nesse caso surgirão em meu interior dúvidas de fé; poderei vê-la como algo artificial ou como um consolo ilusório. Parecerá pouco efetiva diante de um mundo que proclama a mudança com meios mais técnicos e até violentos. Sentir-me-ei limitado e até ridículo defendendo pontos de vista evangélicos em uma sociedade que, no fundo, parecia crer pouco ou nada neles. Se me dedico às coisas de Deus, posso experimentar aborrecimento e até resistência a elas. É o caso do consagrado que sente nas coisas de Deus como o trabalhador que se vê obrigado a dedicar-se a uma tarefa remunerada que agora não lhe desperta nenhum interesse, e que ele deixaria de lado se lhe fosse possível.

Dessa crise minha fé pode emergir como um novo centro com sentido. Mas se ela não está bem fundamentada no processo integral de minha pessoa, prestar-se-á a ser somente refúgio e escapatória de frustrações não assumidas. Diante de modas ambientais de tonalidade oriental, é bom recordar que a autêntica mística cristã não consiste em uma *ascensão* espiritual que me desliga do mundo, procurando minha paz em um paraíso sem conflitos. A harmonia que Deus está produzindo em mim não requer que eu fuja de meu ambiente de todos os dias. Mas me leva a que viva uma entrega de amor (como a de Jesus) que assumiu o pecado e as limitações deste mundo. Diante disso vejo que talvez o que me falte não seja fé, mas sim uma nova purificação dessa mesma fé para deixá-la ser ao modo de Deus, e não de minhas preferências pessoais.

Se tiver centralizado minha vida na fé, espreitar-me-á a grande tentação de procurar em Deus a solução mágica de minhas crises. Com uma atitude ingênua, posso pretender que Deus me liberte de velhos problemas que não abordei a seu tempo. Deus me ajuda, mas não substitui os esforços que eu precisei fazer em outras etapas de minha vida. Se, ao contrário, Deus não teve grande importância vital em minha existência, encontrar-me-ei agora com minha fé que é uma chama muito fraca para iluminar este difícil caminho que hoje percorro. Nesse caso, viverei como os não crentes, conservando, em última instância, uma cosmovisão e um fundo afetivo com conteúdo religioso, de pouco peso diante das grandes opções da minha vida.

Qualquer que seja minha situação, do que necessito hoje é ir integrando vitalmente as diversas tensões próprias desta etapa. Tenho a oportunidade de *voltar ao essencial*, a Deus, descobrindo agora com mais facilidade a grande diferença entre "o único necessário" (Lucas 10,42) e as muitas coisas acessórias. Esta é como uma "segunda conversão" que aprofunda a primeira, vivida desde o final de minha adolescência, quando tomei posição consciente diante de Deus e da Igreja.

Diante destes desafios é melhor mudar de dentro para fora. O ponto de partida é aceitar-me como sou hoje, mudando depois o que me for possível. Perguntar-me-ei em que se fundamenta hoje minha vida. A resposta não me dará receitas de boa conduta, mas sim ir esclarecer minha própria história e realidade.

Apesar de meus esforços pode acontecer que em alguns momentos eu tenha a sensação de que minha vida foi tempo perdido. Senti-la-ei como um conjunto de sonhos e ilusões sem valor nem sentido. É a hora de ser humilde e confiar, dando um olhar misericordioso à minha historia. Eu nasci a partir da indigência do nada, confiando. Sinto que voltarei ao nada por ocasião da minha morte, confiando no Deus que ressuscita os mortos.

Sugestões

a. Exemplifico com fatos de minha vida as afirmações que mais me interessaram neste tema. Dou especial importância às que falam da *tibieza*; para isso medito Apocalipse 3,14-20 (mensagem à Igreja de Laodiceia). Caso seja possível, dialogo sobre o resultado deste trabalho com meu acompanhante espiritual ou com alguma outra pessoa de minha confiança.

b. Minha fé tem a missão de transformar minha pessoa e meu ambiente. Vivo a minha fé no meio da realidade que me cerca? Ou prefiro escapar em momentos de espiritualidade que somente me isolam da relação com meus irmãos?

c. O que significa para mim hoje *concentrar-me no essencial*? Para isso posso servir-me da etapa homônima (n. 33).

d. Anoto as principais etapas de minha vida. Em ambiente de oração dou um olhar cheio de fé e misericórdia sobre ela. Procuro olhá-la como minha própria *história de salvação*.

*Nesta oração, Senhor, quero pôr fora
todas as minhas crises e inseguranças,
todas as minhas dores e desenganos.
Sinto que, postos em vossas mãos,
os poderá transformar em sementes
desse crescimento que está
almejando o melhor de mim.
Muito obrigado, Senhor.*

13

PSICOLOGIA PARA QUÊ?

1 "Precisa ir a um psicólogo" é o que dizem para mim seriamente quando notam que tenho dificuldades muito difíceis de superar. Mas será essa realmente a solução para os meus problemas? Preciso da ajuda de um psicólogo ou de algum outro tipo de saída para meu atual problema?

Será bom que eu comece a me recordar do que não devo esperar da Psicologia. Até o melhor dos psicólogos não tem como tarefa dar sentido à minha vida, escolher os caminhos que tenho de percorrer, libertar-me de minhas responsabilidades pessoais ou esclarecer minhas dúvidas de fé. A Psicologia é uma ciência, nada mais que isso. Faz tempo que eu sei, mas pode haver algo no meu interior, algo que busca o mágico, o misterioso, a solução rápida e fácil, que me leve a depositar expectativas exageradas nessa ajuda profissional.

Existem pessoas que esperam tudo do médico, de seu conselho e acompanhamento. Outras fazem o mesmo com o psicólogo, que passa a ser um confidente especializado e, com frequência, bastante caro. Tenho claro que não posso esperar de nenhum profissional a decisão sobre as questões básicas de minha vida. Por isso, atenuo minhas expectativas, modero meus desejos, solicito o que é possível e me encarrego dessa responsabilidade sobre minha vida que não posso descarregar em ninguém.

O que a Psicologia pode me fornecer? Dela posso esperar contribuições que se prendam a estes quatros aspectos:

a) *O psicoterapêutico*: é um dos mais conhecidos e propagados da Psicologia. Tanto o é que, talvez, creio ser a única coisa que um psicólogo pode fazer. As diversas formas de psicoterapia (como seu nome o indica) procuram ajudar a *curar* minhas chagas internas, fruto de minha história passada. Isso pode aliviar em mim frustrações, ajudando-me a superar erros educacionais, colaborando na harmonização de minha personalidade.

Desde já sei que o processo nunca será fácil. A ninguém agrada mergulhar no pior do seu íntimo, reconhecer dores do passado, revivendo-as no presente. Esta concentração momentânea nas feridas é tão necessária como quando um médico cuida de uma chaga física que dói, mas que necessita de atenção para ser curada. Entrar neste mundo implicará dor para mim, resistências interiores, ímpetos de abandonar a terapia, porque depois de várias sessões posso sentir-me pior do que quando comecei. Saber isso é útil para não abandonar tudo na metade do caminho, para perseverar com um remédio amargo, mas que proporciona a cura. Para que esta tarefa seja bem realizada, ela depende de minhas atitudes mais do que eu imagino. O psicólogo não é um feiticeiro que com seu saber vai suprir uma possível falta de compromisso e de perseverança de minha parte.

b) *O preventivo*: bem utilizada, a Psicologia me permite descobrir as fontes de dificuldades interiores que agora aparecem pequenas, mas com o tempo podem desembocar em grandes conflitos. Se agora eu trabalhar sobre elas, evitarei, até onde me for possível, que essas dificuldades se desenvolvam. Assim poderei olhar meu caminho na vida com mais liberdade e objetividade, com menos divisões e tensões internas. Sei que os problemas pessoais, quando são grandes, podem se tornar quase irreversíveis, gerando em mim frustrações e inclinando-me para caminhos errados.

Essa função preventiva se aplica de modo particular a momentos preparatórios de longos períodos. O caso clássico é o noivado, no qual a Psicologia em suas diversas formas pode ajudar a me conhecer melhor, ver de modo mais adequado a outra pessoa, encarar as mudanças possíveis, etc. Agindo assim, não eliminarei os futuros conflitos da vida matrimonial, mas ao menos terei melhor consciência deles e poderei atenuá-los. O mesmo se pode dizer de outras opções de vida definitivas como a vida consagrada e o sacerdócio. Um emprego inteligente da psicologia no começo da formação permite destravar problemas de comunicação, facilitar a abertura aos outros (especialmente aos formadores), prever os conflitos mais prováveis tendo já conhecida a minha maneira de ser, etc.

Como adulto, existe um aspecto no qual a psicologia pode me ajudar a preparar-me para o futuro: o da ancianidade. Um bom médico não só colabora para minha cura agora, mas também me previne problemas futuros, dando-me conselhos para cuidar de minha saúde. De modo semelhante, um bom psicólogo ajudar-me-á a detectar características de meu modo de ser que poderão acarretar conflitos importantes quando tiver ingressado nessa etapa decisiva de minha vida. Deste modo, pouparei a mim e aos que estiverem a meu redor de um sofrimento inútil.

c) *O pedagógico*: essa é uma das aplicações mais amplas e importantes da psicologia. Em meu caso tem a ver com tudo o que me ajuda a me conhecer de modo mais profundo e duradouro, tanto no que consegui quanto no que me falta crescer. É um conhecimento orientado para eu obter um melhor domínio de mim mesmo, mais harmonia interna, menos necessidade de recorrer a atitudes defensivas. Se não me fechar em meus conflitos internos, mas os assumir e os resolver à medida que for possível, terei mais e melhores energias para conseguir as metas que me propus. Dessa forma, tomarei consciência de minhas qualidades, capacidades e predisposições, para tirar delas o melhor proveito.

d) *O integrador*: é um aspecto semelhante ao pedagógico. Devido à sua importância convém, de todos os modos, analisá-lo separadamente. Refere-se à harmonização entre as dimensões humana e cristã da minha pessoa. Para que isso seja possível, é preciso que o profissional que me ajuda tenha ao menos uma atitude de abertura não preconceituosa perante a fé cristã. Será de maior ajuda ainda sua intervenção se viver de maneira madura a minha mesma fé. Desse modo, evitarei perigosas divisões entre minha realidade de ser humano e meu compromisso de fé. Preciso viver os valores de modo global em todas as áreas de minha personalidade. Somente assim experimentarei um estado de coerência dinâmica entre a palavra de Deus e minha vida concreta.

2 Como bom cristão estarei sempre aberto às contribuições que possam dar à minha vida as ciências humanas e sociais. Todo crescimento adequado de minha dimensão humana dará uma melhor base às outras dimensões de minha pessoa. Todavia, ao mesmo tempo, evitarei a ingenuidade de esperar da Psicologia mais do que ela me pode dar. Viver intensamente, apaixonadamente, minha fé libertar-me-á de manter expectativas quase religiosas sobre esta ou outra ciência. A Psicologia não substitui a minha fé, nem é uma alternativa à oração ou aos sacramentos (sobretudo o da reconciliação). Eu reconheço em minha pessoa um nível superior, que chamo de *espiritual*. Nesse nível desempenha-se o sentido último de minha existência, a razão de ser que tem a minha vida, a ação do Espírito de Deus em meu interior.

Por tudo isso, meu crescimento fundamental é o relacionado diretamente com a ação do Espírito em mim. Nunca poderá ser de outra forma. Todos os outros elementos são ajudas (ou atrapalhações) nesta missão de ser o melhor de mim mesmo, de acordo com o olhar de amor que Deus colocou desde o princípio sobre a minha pessoa.

Sugestões

a. Caso tenha recorrido a alguma ajuda psicológica ou se o fez alguma pessoa muito próxima de mim, que relação encontro entre o vivido por mim (ou por essas outra pessoa) e o que foi proposto neste tema?

b. Até hoje, quais foram minhas ideias e atitudes perante a psicologia e os psicólogos? O que li neste material exige de mim uma mudança de ponto de vista?

c. Atualmente posso estar carecendo de uma consulta para resolver alguma questão pessoal com um psicólogo. Nesse caso, estou disposto a informar-me de maneira adequada, deixando-me ajudar? Ou creio que sou autossuficiente, que não preciso da ajuda dos outros?

d. Quais são as características que para mim deve ter um bom psicólogo? Faço uma lista e a comento com alguma pessoa que entende desse assunto ou tenha experiência direta em algum trabalho psicológico.

e. Medito João 4,4-42 (diálogo de Jesus com a samaritana). Observo a especial pedagogia de Jesus para começar esse diálogo com ela. Coloco-me no lugar da mulher, sentindo que é a mim que ele interpela.

*Senhor Jesus, hoje vos peço que me deis
abertura de coração para
reconhecer minha realidade.
Ajudai-me a olhar com olhos serenos
o melhor e o pior do meu interior.
Dai-me humildade para abrir minha consciência
e meu coração àquelas pessoas que me podem ajudar.
Assim estarei mais preparado
para amar-vos nas outras pessoas.*

2ª Parte

Vendo o que tenho

14

A LINGUAGEM DO MEU CORPO

1 Que relação mantenho com o meu corpo? Essa é uma pergunta que provavelmente nunca fiz. E mais, pode até parecer bastante estranha. Mas é saudável que eu a formule para mim de vez em quando. Como uma ajuda para esta proposta pouco habitual, analisarei várias maneiras de relação possíveis:

• *O instintivo*: no modo de relação instintiva, parto da suposição de que as coisas que desejo ou anseio devem ser satisfeitas do modo mais rápido e completo possível. Todo anseio corporal, todo desejo intenso ou repetido eu o entendo em termos de *necessidade* a ser satisfeita. Isso costuma tomar a forma de uma concentração contínua na busca dos meios (geralmente materiais) para que nenhuma *necessidade* fique sem satisfazer-se. Ver as coisas assim costuma ser resultado da ideia (equivocada) de que a paz e até a felicidade são frutos para satisfação de todos os anseios do momento. "Barriga cheia, coração contente" seria uma expressão popular desse ponto de vista.

• *O compensatório*: é semelhante ao anterior, apenas aqui entram novos elementos. Já não me conformo em dar a meu corpo o que me pede, mas atendo-o de maneira exagerada, estou continuamente dependente dele. Concentrei toda minha atenção nesse setor de minha pessoa. É uma atitude compreensível em situações especiais (por exemplo: uma grave doença). Mas é preocupante se isso se transformar em meu estilo de viver habitual. Sou um corpo, porém nunca me posso reduzir a ele permitindo que uma exagerada atenção por minha saúde, pelo aspecto exterior, pela passagem dos anos, o temor a doenças e/ou à morte ocupem o centro de minha vida. É *compensatório* porque, quer eu aperceba ou não, procuro compensar meu vazio interior com um exagerado cuidado com o meu exterior, com a fachada da casa da minha pessoa.

• *O desvitalizado*: é um modo de funcionamento que expressa no corpo conflitos profundos da minha pessoa. Seria o caso de quem vive uma profunda depressão ou quem perdeu a esperança. O abandono exterior pode ser sinal de que meu interior está em ruínas. A vida parece retirar-se de meu corpo, funcionando de modo externamente eficiente, mas sem *vibrar* pelas coisas humanas. Podem existir sinais de hipocondria: contínuas doenças, tenho medo da enfermidade, a morte começa a rondar como ideia amedrontadora em minha mente... Evidentemente, experimento um conflito interior que requer que o solucione, dando um maior sentido à minha vida. Meu corpo é o meio de expressão desse profundo desequilíbrio. Nesse nosso tempo, filho da pressa, pode ser uma maneira de enfrentar as numerosas pressões de minha vida diária, sobretudo no ambiente do trabalho.

• *O harmônico*: um corpo em harmonia não é fruto exclusivo de uma certa ginástica ou outra atividade exterior. É resultante de um modo adequado de viver, com tudo o que isso implica. Desde minha mente, considero as reais necessidades de meu corpo, para satisfazê-las na medida do possível. Não me deixo levar pela ingênua atitude de supor que todo desejo e até capricho é sinônimo de *necessidade*. Mas também no modo de responder a essas necessidades nota-se minha escala de valores. Por isso posso renunciar ao que não é vital (estritamente falando) em razão de objetivos superiores. Assim o jejum, o esforço prolongado, a renúncia a um repouso merecido em atenção a um ideal, adquirem razão de ser e acarretam um sentido profundo à minha vida. O resultado desse modo de agir será a paz interior, a sensação de unidade pessoal, de não divisão. Essa paz é compatível com a luta que a vida de qualquer cristão implica nesse mundo.

2 Por sua vez, meu corpo é o meio que tenho para comunicar-me com os outros. Certamente, não só por meio das palavras que digo, mas também por meio da muito rica mensagem não verbal. É todo o meu corpo que fala, sobretudo quando estou em relação próxima com alguma pessoa, à qual me une sentimentos profundos, positivos ou negativos. Não é inútil recordar que o canal verbal costuma ser usado principalmente para proporcionar informação, previamente *filtrada* por minha consciência de acordo com o que convém em cada momento, às circunstâncias em que me encontro, etc. Ao invés, o canal não verbal expressa atitudes pessoais, sentimentos de diversas profundidades, coisas que não posso ou não sei exprimir com palavras. Por isso, nos momentos humanamente mais intensos de um abraço, um entusiasmado aperto de mãos e outros gestos dizem mais que muitas palavras.

A relação verbal com a não verbal admite muitas situações. Algumas delas são:

a) *O não verbal substitui o verbal*: quando, por exemplo, não confio ou não vejo o ambiente preparado para dizer certas coisas; ou quando preciso enviar a alguém uma rápida mensagem sem que outros presentes possam ouvi-la (sinais); ou, como já vimos, quando exprimo de modo mais adequado com expressões físicas a intensidade dos sentimentos.

b) *Existem ambas as linguagens, sendo coerentes as mensagens*: neste caso uma reforça a outra, como quando dou ênfase às minhas palavras com movimentos de braços ou mímica facial. Assim, o verbal reafirma e dá vitalidade às palavras. Mas também as palavras têm sua utilidade quando esclarecem o conteúdo dos gestos que as acompanham. Geralmente, não é fácil distinguir nas expressões físicas sutilezas que as palavras podem esclarecer, oferecendo especiais matizes.

c) *Dão-se ambas as linguagens, tendo incoerência entre elas*: o habitual é que a verdade esteja ao lado da linguagem não-verbal, por ser a mais difícil de controlar por quem está se expressando. Nesse caso, as palavras procuram dissimular, ocultar ou até mentir para que o que penso ou sinto não seja conhecido pelos outros. Excetuando-se o caso de pessoas muito treinadas (por exemplo: atores), minha gestualidade revela de modo verídico meus estados de ânimo e pensamentos.

Tudo o que disse até agora posso sintetizar na frase "todo o meu corpo fala" ou "todo o meu corpo é linguagem". Aqui me interessa, antes de tudo, como linguagem para mim mesmo; é o modo como eu posso dizer a mim mesmo coisas que me permitem conhecer melhor. Por exemplo: estou tenso, ou canso-me com muita facilidade, ou sinto-me ágil e capacitado para fazer tudo o que for necessário; por que me acontecem essas coisas, por que me sinto assim? O estado de meu corpo é expressão muito clara de meu estado interior. Diz-se que "a boca fala da abundância do coração"; poderíamos dizer "da abundância de meu coração (de meu interior) é que meu corpo fala". Também meus males, sobretudo os mais importantes ou mais repetidos, são um modo de expressar esse corpo que eu sou. Tanto se fala hoje de bactérias e vírus, de médicos e medicamentos, que posso esquecer-me de que a doença é um modo privilegiado de linguagem do meu corpo. Aquilo de que adoeço tem por trás de si uma simbologia interessante para que eu a aprenda ler.

Sugestões

a. Repasso os quatro modos de funcionamento desenvolvidos no primeiro ponto deste tema. Qual deles, hoje, predomina em mim? Como é que isso se mostra?

b. Encontro iniciativas que me permitam viver mais a harmonia entre meu corpo e os outros aspectos de minha pessoa?

c. "Da abundância de meu coração (meu interior) fala meu corpo." Que está me dizendo meu corpo nestes últimos tempos? Que aspectos de meu interior se revelam a mim por meio dele? Descubro alguma mensagem oculta por trás das doenças mais comuns em mim?

d. Medito Mateus 15,17-20 (o que me mancha é o mal que sai do meu coração).

Agradeço-vos, Senhor, pelo corpo que me destes.
Sei que não é perfeito, mas é meu e por isso o amo.
Agradeço-vos os momentos de saúde
e também as ocasiões em que,
no meio da enfermidade, não me abandonastes.
Dai vida a meu corpo para louvar-vos
em todas as minhas obras.

15
Indivíduo – Pessoa

1 "Que individualista é aquela pessoa. Parece que pensa somente nela mesma!" Que posso dizer de uma expressão como essa? Convém que me detenha uns momentos para pensar que sentido tem de falar de indivíduo, de individualismo e de outras coisas desse tipo.

Vou distinguir *pessoa* de *indivíduo*. É certo que na linguagem comum, às vezes, empregam-se ambos os termos de modo não distinto. Mas aqui procurarei dar um sentido específico a cada uma dessas duas palavras. A palavra *indivíduo* contém a ideia de não dividido em si mesmo, mas separado dos outros. Por meio dela descubro qualquer ser humano ou coisa como uma unidade em si mesma, distinta de tudo o que a circunda. Nesta expressão se destaca o fato de estar separado, de ser diverso dos outros. Os vínculos com o diverso do indivíduo são de pequena importância. O fundamental é a afirmação dele mesmo, dentro dos limites de sua individualidade. Isso, que parece muito abstrato, terá, como veremos, importantes consequências práticas para a minha vida.

Ao invés, ser *pessoa* aponta para uma relação de abertura para os outros. Não procedo como pessoa se não me relaciono de modo contínuo nem me comunico intensamente com outros. Essas relações são necessárias e essenciais para que minha pessoa nasça e se desenvolva como tal. Isso vem sendo assim desde que nasci. As relações pessoais, particularmente intensas em minha infância, originaram esta realidade em mim. Não posso me entender sem essa inicial e fundamental história de comunicação com os que me amaram e me entregaram muito de sua vida.

Para enriquecer essa perspectiva de vida convém que agregue o termo *solidário*, mostrando que nesse abrir-me para os outros, nesse interessar-me pelo bem-estar dos outros, desenvolve-se muito do que é o plano de amor de Deus para com minha pessoa. Por isso cresço como pessoa quando construo solidariedade; detenho-me e até diminuo quando não a construo ou quando a destruo. Criar um ambiente de solidariedade permite à minha pessoa e aos outros um maior crescimento; a ruptura da solidariedade, pelo contrário, diminui a mim e aos outros como pessoas, levando-nos a um isolamento egoísta. Desde sempre fui pensado por Deus para ser uma pessoa, e às vezes eu me conformo em desenvolver-me apenas como indivíduo, isolado dos outros, trancado no mundo de minhas coisas e dos meus interesses.

Fui criado "à imagem de Deus". O Deus no qual creio não é um solitário que vive isolado no além dos céus, mas é Trindade. É um só Deus no qual vivem três pessoas (Pai, Filho e Espírito Santo) em contínua comunicação e colaboração mútua. Minhas palavras humanas são sempre muito pequenas para falar sobre a intimidade de Deus e seu agir. Mas com a simplicidade do que me ensina a Bíblia, eu me compreendo escolhido por um Deus amor em si mesmo e amor para com toda a criação, especialmente para com os seres humanos.

Sendo imagem viva desse Deus, como poderia eu conformar-me em ser um indivíduo separado dos outros, indiferente ao que lhes acontece? Se assim me considero e dessa maneira procedo, estarei deixando deteriorarem-se as belas marcas de amor que Deus imprimiu em minha pessoa. Sou expressão de Deus para os outros, especialmente para os mais próximos. Creio em um Deus, amoroso, solidário, preocupado com os mais necessitados. A partir desse Deus no qual creio posso dar um olhar crítico à forte mentalidade individualista da sociedade na qual vivo. Sobretudo, a palavra de Deus me ajuda a reconhecer que muitas coisas que parecem naturais no meu meio ambiente são somente deformações às quais vou me acostumando. Textos como o da viúva pobre, apresentado e meditado no tema cinco, "Um guia para meu caminho", têm muito a me dizer.

Meu Deus, o Deus de Jesus, deseja ver concretizado neste mundo seu sonho (o Reino de Deus). O Reino consiste, como tantas vezes o tenho lido nos Evangelhos, em uma fraternidade entre todos os seres humanos que nos sentimos filhos de um mesmo Pai. Um Pai que a mim se revela por meio de Jesus, com uma predileção especial pelos filhos mais necessitados, pelos pobres. Penso como Deus e estou agindo como ele quando me preocupo com as pessoas que mais precisam de mim. Essa é a maneira de agir normal em uma boa família; nela todos acorrem a ajudar o que enfrenta mais problemas porque se amam todos uns aos outros.

2 Eu sou e me sinto parte da Família de Jesus que é a Igreja. Essa comunidade cristã é a principal responsável por ir concretizando-se neste mundo o Reino de Deus anunciado e iniciado por Jesus. Como a família que me deu origem, minha comunidade cristã não é perfeita, mas eu a amo porque é a minha família maior. A ela devo minha iniciação na fé e os sacramentos, muitas das coisas que aprendi em minha vida. Nestes momentos de minha existência posso sentir-me, às vezes, decepcionado com minha comunidade cristã. Ninguém me pede que seja ingênuo a ponto de acreditar que tudo vai bem quando não é assim nem vai ser. Mas estou convidado a não abandonar de maneira individualista o barco, por grandes que sejam seus problemas, e sim a unir-me a outros dispostos a melhorá-lo para o bem de todos.

Como pessoa cristã posso comparar-me a um bago de uva que tem *vocação a ser cacho*, não a permanecer solto. No cacho cada um dos bagos é ele próprio, com a sua particular forma, cor, nível de maturação. O fato de estar no cacho não lhe tira sua *personalidade*. Antes, dá-lhe oportunidade de continuar apoiado nos outros e de apoiar os outros. Ao mesmo tempo é a oportunidade que tem de continuar unido à videira, à parreira, que sabemos pelo Evangelho que outro não é senão o próprio Jesus (João 15). Quantas vezes como cristão me senti tentado a viver minha fé e agir como bago de uva solto, despencado! Em quantas ocasiões me foi apresentada a oportunidade de ser crente *à minha maneira*, de acordo com minha comodidade! Esse é o caminho do cristianismo individualista, diante do qual se demonstra real uma antiga afirmação que diz "um cristão sozinho é nenhum cristão".

Só existe uma maneira para que eu seja um seguidor autêntico de Jesus: sendo parte da comunidade de seus seguidores. Diante de um mundo sedento de comunicação e apoio pessoal, vivo hoje a graça de ter sido chamado a fazer parte da família de Jesus que é a Igreja. Deixar-me-ei ajudar pelos outros crentes, iluminar pela palavra lida nela, santificar por seus sacramentos, ao mesmo tempo em que darei a outros minha presença, meu carinho, minha oração e minha ajuda para que ninguém desanime na peregrinação desta vida que todos compartilhamos.

Diante dessa Igreja, lembrarei que criticar de fora é sempre fácil, amar com perseverança não o é. Esse amor perseverante é o melhor presente que, como cristão, posso dar a mim mesmo e aos outros. Sobretudo é a melhor oferenda que estou convocado a apresentar a Deus para ser cada dia mais, junto dos outros, a pessoa solidária que desde sempre ele sonhou que eu seja.

Sugestões

a. "Sou muito mais que um indivíduo, sou uma pessoa." Que significados e que ressonâncias tem neste momento essa frase para mim, depois de ter lido atentamente o conteúdo deste tema?

b. O que foi refletido no ponto "a" pode orientar-me para mudanças em meu modo de falar e, sobretudo, de viver. Quais? Minha posição costumeira na vida diante das pessoas com as quais vivo é de *indivíduo* (separado dos outros) ou de *pessoa solidária* (em contínua e rica comunicação com os outros)? Que consequências acarretam isso para o modo como vivo a minha fé?

c. Analiso os critérios habituais da sociedade na qual vivo, da qual sou parte responsável. Posso anotar em uma lista sinais dos valores próprios da pessoa solidária; em outra lista as do indivíduo independente e autossuficiente. Que impressão em mim produzem ambas as listas? Até onde costumo me dirigir quando penso e atuo diariamente? Supõe-se que minhas conclusões neste ponto reforçarão as que tirei a meu respeito no ponto "b".

d. Medito João 15,1-5 (a videira e os ramos), relacionando o texto com o antepenúltimo parágrafo do bloco. Sinto-me, hoje, parte viva dessa videira, dessa maneira unido a Jesus?

Deus Trindade, rendo-vos graças pela riqueza
de vossa imagem gravada em minha pessoa.
Sinto-me habitado por vós,
profundamente necessitado de vínculos de amor,
de comunicação, de relações enriquecedoras.
Ajudai-me a estar aberto a vós e às outras pessoas,
para que assim esteja também
aberto ao melhor de mim.

16

O CRESCIMENTO DE MINHA PESSOA

1 O tema anterior permitiu-me esclarecer algo mais sobre minha ideia de pessoa. Agora procurarei dar mais uns passos adiante, anotando alguns elementos que me ajudam a crescer. São somente algumas sugestões, visto que a questão é em si mesma interminável, abrangendo de alguma forma todos os temas deste livro de autoajuda. Aproveito alguns materiais prévios de várias origens.

Antes de tudo destaco a *decisão de conhecer-me atentamente*. "Conhece-te a ti mesmo" é um conselho que a sabedoria da Antiguidade grega tinha em muito grande apreço. Neste conhecimento ocupam um lugar fundamental meus sentimentos e, em geral, a linguagem de meu corpo. Por meio dele aparece a meu olhar (e ao olhar dos outros) algo desse mundo tão complexo e rico que habita em mim. O momento do conhecimento é o do meu olhar sereno, inclusive sobre aquelas coisas que em mim menos agradam. É impossível continuar neutro tratando-se de minha pessoa, mas sim é possível crescer em objetividade para olhar-me de modo cada vez mais adequado. Isso ajudará a superar a tendência a voltar-me para os extremos, condenando ou iludindo-me, crendo que sou quase perfeito.

As motivações que me impelem a agir fornecem muito material para meu conhecimento. De maneira sintética posso dividi-las em dois grupos: as que estão centradas em mim e as que têm como centro os outros (inclusive Deus). Até minhas melhores ações podem provir não só da segunda, mas também da primeira fonte. Se te amo para satisfazer-me, meu agir está centrado em mim. Como adulto que sou, não posso considerar simplesmente esta como uma atitude positiva. Sê-lo-á se meu amor toma a forma de dom (*atitude oblativa*). Nesse caso estarei centrado no outro, procurando o bem dele.

Vê-se, daí, que não existem motivações puras. Aqui eu me conformo em ver o que é que predomina em minha conduta: meu eu como centro ou ter como centro os outros. O eu como centro prende-se ao modo individualista de viver do qual falei no tema precedente. Entre este e o modo personalista existe uma escala na qual me aproximo de um pólo ou outro. Analisando o porquê profundo de minhas ações e omissões, descubro muito do que sou. Já desde antigamente se dizia que "o ser (da pessoa) se mostra no agir". Conheço minha tendência a justificar minhas condutas para não precisar mudar; por isso é tão útil a opinião serena das pessoas que me amam de verdade. Porque têm por mim carinho sincero, conhecem-me a fundo e não têm medo de me dizer o que veem em mim. Mas no final sou eu o responsável por formar uma ideia dinâmica e adequada de minha pessoa, incluindo esses dados que outros me oferecem.

Se eu perseverar neste trabalho de autoconhecimento, conseguirei ver com mais clareza quem sou. Isso me ajudará a ficar mais em paz comigo mesmo, em contato com minha consciência profunda na qual se encontram minhas maiores riquezas. Ali vive o Deus a quem só poderei verdadeiramente conhecer quando deixar que ele me guie no conhecimento do mais profundo de mim mesmo.

Em segundo lugar, anoto a *decisão de ser eu mesmo, vivendo minha vida a fundo*. É necessário recordar, uma vez mais, que a sociedade na qual resido me estimula a viver na superfície de mim mesmo. O que me rodeia tende a monopolizar meus sentidos, dificultando tudo o que não os torne personagens centrais. Além do mais, costuma-se admitir que é bom ter ideias, visando triunfar na vida por meio delas. Todavia minhas experiências profundas com frequência ficam afogadas por trás de tanta coisa para ver, para ouvir, para pensar, de tantas promessas falsas de felicidade... Para tornar isso ainda mais complexo, participo de diversos grupos que, geralmente, privilegiam o pensar e o agir como o fazem os outros, não sendo nem pensando de modo diferente de todos. A tendência é preferir o caminho mais fácil: agir para agradar os outros, especialmente os que aparecem como líderes, em vez de procurar e seguir o próprio caminho.

Se não me propuser o contrário, viverei minha vida na superfície, acreditando que minhas ideias e condutas são criação minha, quando, na realidade, são cópias em nada originais do que está na moda. Vivo de ideias e teorias aprendidas do ambiente social no qual me movimento. Elas me são úteis a curto prazo, embora costumem comprometer meu futuro. Dar-me-ei conta disso quando me encontrar desorientado diante de dificuldades pessoais que exigirem de mim respostas novas e profundas. Por isso necessito crescer em confiança em mim mesmo, decidindo a manifestar-me aos outros como realmente sou.

2 Ser eu mesmo implica antes de tudo deixar sair de mim tantas riquezas pessoais às quais atribuo pouca importância ou temo mostrá-las aos outros. Posso compará-las a um botão que está aguardando a oportunidade de se abrir em forma de uma bela rosa. Se me apoiar nesses dons que Deus me dá, estarei favorecendo meu crescimento pessoal. Esta zona profunda é o lugar para onde deveria retornar com muita frequência; ali está a fonte da minha vida, a paixão que me impulsiona a viver e lutar sem desânimo.

Também preciso aceitar meus limites. Eles não são faltas pessoais; não devo vivê-los como culpa minha. Se me concentrasse neles, exigiria de mim mais do que posso, de maneira inútil. Viverei minhas riquezas interiores, presentes de Deus, sem pretender impossibilidades que me levam a sofrer inutilmente e a amargurar a vida dos outros. Mostrar-me-ei aos outros como sou, com rosto descoberto, tendo a íntima certeza de que no mundo existe um bom lugar para mim preparado por Deus.

Sobretudo se me sentir inseguro, precisarei libertar-me da tentação de me avaliar de acordo com o que os outros opinam a meu respeito. A opinião dos que vivem a meu redor tem certa importância. Mas não desenvolverei bem minha pessoa se não souber distanciar-me do que pensam os outros. Levá-los-ei em consideração para formar um critério pessoal, atuando sempre com base no que diz a minha consciência. Assim evitarei perder minha liberdade pessoal a troco das insignificâncias das opiniões predominantes dos grupos com os quais me relaciono.

Existe o perigo de que me deixe encarcerar por meu próprio retrato, pela imagem que tenho de mim, fruto às vezes mais das opiniões alheias que de minha experiência. Nesse caso digo "hoje eu sou assim, que posso fazer?" É uma atitude cômoda, que me impede crescer e ser melhor. Semelhante a essa maneira de ser é a tentação de agarrar-me a um ideal rígido sobre como devo ser. Ele me levaria a viver um estado quase contínuo de tensão e não conformidade, porque não concretizo em fatos esse ideal que conservo em minha mente.

Pode ser que minhas tarefas se relacionem com ideias sobre a vida dos seres humanos (docente, psicólogo, agente de pastoral...). Nesse caso, posso deixar-me escravizar pelas ideias e teorias que aprecio. Se assim é, não poderei olhar a realidade a não ser filtrando-a por intermédio de muitas lentes que não podem deixar de deformá-la. Vejo somente o que espero ver; o resto ignoro quer me aperceba ou não dele. É desse modo que minhas propostas de ação e minhas realizações costumam ser pouco ajustadas à realidade e às possibilidades que ela me proporciona. Vivo *nas nuvens* como flutuando acima da vida que ferve ao meu derredor.

Também posso alienar-me em mim mesmo, quando vivo somente em função de minha pessoa. Estou sempre concentrado em mim, prisioneiro de minhas tendências egocêntricas. Isso pode satisfazer-me a curto prazo, mas é esterilizante para o meu caminhar cristão. Sou chamado a ser fiel ao melhor de mim, mas não a viver para mim. Fui criado para oferecer-me aos outros, não para monopolizar. Só nesta oferenda desdobrar-se-á o mais profundo de mim, como uma rosa que não permanece encerrada no botão para si mesma e sim de pétalas abertas à luz do sol, alegrando o olhar dos peregrinos que a contemplam.

Sugestões

a. Aproveitando as expressões que mais me chamaram a atenção neste texto, anoto uma coluna de atitudes acertadas e outras desacertadas em relação a meu crescimento como pessoa.

À direita de cada ponto me autoavalio do modo que me for mais adequado. Posso estabelecer uma pontuação numérica e depois explicá-la. Ou, de maneira breve, numerar situações nas quais vivo aquele positivo ou negativo a que se refere o texto. Nota: este trabalho é para ser aplicado em mim mesmo, não para revisar a conduta de outros.

b. Dou uma olhada geral ao resultado do que foi realizado no nível "a". Como está encaminhado meu crescimento pessoal? Que frutos concretos consegui nestes últimos tempos como resultado desse modo de caminhar?

Tomo em consideração o ensinamento de Jesus de que "a árvore conhece-se por seus frutos" (Mateus 7,15-19). Aplico este texto à minha situação como cristão.

c. Existe algo realizável que me queira propor como conclusão de meu trabalho neste tema?

*Deus de minhas fortalezas e de minhas fraquezas,
escutai esta simples prece que agora vos apresento.
Ajudai-me a sentir vossa presença neste processo
de crescimento no qual embarquei.
Não me abandoneis em momento nenhum,
para que não erre o rumo deste peregrinar
que há tanto tempo iniciei junto de vós.
Agradeço-vos por serdes sempre
meu companheiro de caminhada.*

17

PERDIDO NA MULTIDÃO

1 Eu não sou um simples indivíduo entre outros que formam uma massa; sou uma pessoa chamada a integrar a comunidade com outras pessoas. Para entender bem isto que vou meditar agora, convém que dê uma olhada no início do tema 15, chamado "Indivíduo – Pessoa".

Quando sou comunidade com outros, vivo a fundo minha realidade de pessoa solidária. Para isso fui criado por Deus: para refletir neste mundo a riqueza do Deus de Jesus, Pai, Filho e Espírito Santo. Por isso a fonte do ser-comunidade para mim, como cristão, é nada menos que o próprio Deus. A comunidade formada por Jesus com os apóstolos é a primeira referência terrena que tenho dessa comunidade trinitária.

Tudo isso é possível pelo amor a Deus e aos irmãos que "foi derramado em nossos corações pelo Espírito Santo", conforme assegura são Paulo em Romanos 5,5. Sem ele é impossível ser comunidade na medida do Evangelho. Sem esse amor, cada família, cada comunidade religiosa ou cristã, se transforma somente numa pequena massa de indivíduos. Para entender por que razão isso acontece é importante recordar que existe dentro de mim uma forte tendência ao fechamento, à busca ilimitada do que me é vantajoso, à defesa intransigente dos meus interesses. Assim como não posso sair do meu pecado a não ser com a graça de Deus, nem mesmo posso ser pessoa em comunidade se não for por meio dessa mesma graça.

Pelo que foi dito, não é de se estranhar que agora afirme que o centro de uma comunidade com sentido evangélico é a comunicação com Deus. A Eucaristia, e em geral tudo o que signifique oração, será o coração desta comunidade. Minha imaginação de cristão voa, neste momento, para alguns belíssimos textos dos Atos dos Apóstolos. Em um deles (Atos 2,42-47) é dito sobre os primeiros cristãos:

> "Perseveravam na doutrina dos apóstolos, nas reuniões em comum, na fração do pão e nas orações. De todos eles se apoderou o temor, pois pelos apóstolos foram feitos também muitos prodígios e milagres em Jerusalém, e o temor estava em todos os corações. Todos os fiéis viviam unidos e tinham tudo em comum. Vendiam as suas propriedades e os seus bens, e dividiam-nos por todos, segundo a necessidade de cada um. Unidos de coração frequentavam todos os dias o templo. Partiam o pão nas casas e tomavam a comida com alegria e singeleza de coração, louvando a Deus e cativando a simpatia de todo o povo. E o Senhor cada dia lhes ajuntava outros, que estavam a caminho da salvação" (ver também Atos 4,32-35 e 5,12-16).

Quão longe está isto de um grupo de indivíduos que se reúnem porque circunstancialmente coincidem seus interesses! Na comunidade estou junto dos outros, porque alguém me criou para ser feliz, partilhando da minha existência com os outros e ajudando-os a serem felizes. Assim minha vida adquire pleno sentido. Já sei que sou um bago de uva com vocação para cacho, não para bago solto. Desta proposta de fé derivam coisas tão fundamentais como entregar-me aos outros, dar meu perdão e recebê-lo com agradecimento, interessar-me pelos outros, contribuir com o que tenho para que todos possamos ter o necessário.

A partilha dos bens materiais é um dos termômetros que mede com muito realismo se isso que chamo *comunidade* é efetivamente comunidade ou não. Não é por acaso que um sinal distintivo do indivíduo seja a defesa da propriedade privada até o exagero. Na comunidade, embora existam coisas próprias de cada pessoa, porque delas necessita e as usa, salienta-se a posse de bens em comum e o interesse pelos que mais necessitam. Isso outra coisa não é senão repetir em âmbito reduzido a evidente preferência de Deus pelos mais pobres, fracos, necessitados. Só assim minha família, minha comunidade, poderá ser sinal do amor de Deus para os outros.

Outro sinal de grande importância é o diálogo profundo. Será *profundo* porque se refere antes de tudo ao que acontece às pessoas que a formam. Na massa ocorre o *boato* ou *intriga* que vai de boca em boca, ocupando às vezes lugar destacado nos meios de comunicação. Na comunidade, esse lugar é ocupado pelo comentário que cada um faz sobre aquilo que está vivendo. Essa partilha do que vivo, do que creio, do que sofro, une-me mais aos outros e os ajuda a sentirem-se mais unidos a mim. Este é o ambiente no qual poderei ser plenamente pessoa conforme o que Deus pensou para mim quando me trouxe ao mundo.

De todo o modo, como já foi dito, o coração dessa comunidade não pode ser outro senão o amor que Deus tem por nós. Ele vai modelando as atitudes mais adequadas que devo ter como membro ativo. É um amor que evita que me coloque em posição de juiz dos outros, procurando antes empreender até mesmo o que não é possível justificar. O amor tornado perdão é um ingrediente imprescindível para que subsista e cresça esta comunidade na qual me reconheço como um pecador perdoado. É um amor que toma forma mais profunda e evidente quando se volta, como já insinuamos, para os mais fracos, os anciãos, os enfermos, e também na recordação cheia de fé e carinho daqueles que partiram para a casa do Pai.

2 Um modo de compreender mal a comunidade é entendê-la como refúgio de pessoas incapazes de permanecer um momento sozinhas. Tenho de levar em consideração que quem não sabe povoar sua solidão, não saberá viver bem quando estiver com os outros. Ser verdadeiramente pessoa supõe em mim uma grande riqueza, fruto do meu esforço, mas mais ainda da presença consciente de Deus dentro de mim. Por isso não há razão para agarrar-me a todo momento, de modo desesperado, a uma comunidade como minha *tábua de salvação*. Qualquer pessoa pode passar por alguns maus momentos nos quais é justo que sua comunidade a apóie de modo especialmente intenso. Todavia o que vale para essas circunstâncias não pode ser tomado como regra para sempre. Se isso acontecesse com vários membros, o mais provável é que essa comunidade se dissolveria. Porque todos a formamos e somos também os responsáveis por contribuir para o bem dos outros segundo as possibilidades de cada um, não esperando em atitude cômoda que sejam sempre os outros que tomem a iniciativa.

Ser comunidade significa ser irmãos, sem pretender transformar-nos em gêmeos idênticos. Se ela é uma verdadeira comunidade, ela admite e potencializa a diversidade de características e qualidades de todos que somos seus membros. A tendência a igualar todos é mais apropriada dos grupos maciços que da verdadeira comunidade. Nesta, o ambiente de carinho familiar leva a reconhecer cada um *por seu nome*, isto é, pelo que tem de próprio e de diverso dentro da união de todos. Esse chamar *pelo nome* me recorda que assim fui escolhido por Deus e batizado, assim sou amado agora por ele. Grande parte de seu amor experimento-o em minha comunidade-família por meio do carinho dos outros.

Quase sem me aperceber, vou me transformando de acordo como são e vivem as pessoas com as quais mais me relaciono. Também para isso é importante a comunidade: porque me proporciona frequentes ocasiões de estabelecer relações construtivas com outros. São relações que construindo esta mesma família, também edificam meu ser de pessoa solidária. Em uma comunidade assim é mais fácil crer no Deus de Jesus, entender sua capacidade de perdão, abrir o coração aos irmãos. Exatamente o contrário da massa de indivíduos na qual o anúncio salvador de Jesus soa tão bom que quase não se pode crer. Viver sozinho na massa pode ser o primeiro passo para perder minha experiência de fé, para relegá-la a algo secundário e até para declarar-me, com o passar do tempo, ateu não somente de Deus, mas de todos os valores humanos que ele nos deu.

Sou cristão porque vivo em comunidade e vivo em comunidade porque sou cristão. Por isso não posso imaginar-me sem a Igreja da qual sou parte. Uma comunidade na qual todas as estruturas e doutrinas têm de estar a serviço da salvação atual e futura das pessoas, do crescimento da fraternidade, para ser concretização do sonho de amor que Deus teve a nosso respeito. Não me imagino sendo feliz de outra maneira. Não quero para mim, nem para ninguém, um paraíso solitário, nem aqui na terra nem mais além dela. Pelo contrário, apresento-me para ser um dos comensais no banquete do Reino de Deus no qual sei que me esperam, junto com outros, grandes surpresas: um Jesus amigo que me abre a porta, cede os primeiros lugares para aqueles a quem não imagino, um amor tão intenso e duradouro como nunca sonhei nesta terra.

Sugestões

a. Como costuma ser minha contribuição para a comunidade ou comunidades das quais participo habitualmente (família, comunidade religiosa, grupo apostólico...)? Experimento geralmente a presença de Deus nessas minhas experiências de comunidade? De que modos concretos?

b. Releio o texto de Atos dos Apóstolos citado neste tema. Em que ocasiões vivi de maneira mais intensa algumas das coisas ali nomeadas? Se foram poucas, que responsabilidade tenho de que isso seja assim?

c. Se não compartilho de nenhum grupo ao qual possa aplicar o qualificativo de *comunidade*, não será o momento de me integrar de maneira voluntária e ativa em algum? Em caso afirmativo, estaria disposto a doar-me aos outros ou com a atitude calculista de quem se interroga sobre o que pode auferir dos outros?

Eu vos agradeço, Senhor,
por me haverdes feito pessoa aberta para os outros.
Eu vos agradeço por me dardes tantas oportunidades
de ser comunidade com outros.
Perdoai minha preguiça, comodidades,
meus fechamentos que atentam contra a vida
em comunidade-família.
Hoje reitero diante de vós meu compromisso
de abrir-me aos que precisam de mim
para descobrir-vos muito presente neles.

18

SOU PECADOR

1 Ser pecador é uma das realidades mais importantes e menos agradáveis de minha pessoa. Falar de *pecado* pode apresentar diversas ressonâncias, todas elas muito significativas. Que posso dizer de mim quando me enxergo como pecador?

Antes de tudo, tenho de reconhecer as muitas contradições que em mim encontram sua morada. Enriqueço meu ser com grandes ideais, ao passo que minha existência de todos os dias, com frequência, eu a vivo muito distante deles. Quantas coisas eu gostaria de ser e de fazer! No entanto, aqui estou caminhando pelos medíocres caminhos desta vida, menos brilhantes que os que eu havia sonhado para mim e para os que tenho próximos de mim.

O mundo em que habito é limitado. Continuamente levanta barreiras contra meus desejos de algo grandioso, sem fim. Eu mesmo me sinto limitado, frágil, com facilidade para adoecer, para me cansar, para desanimar. São todos condicionamentos dentro dos quais me vejo confrontado com o desafio de viver de maneira responsável minha liberdade.

Mas, no meio de tudo isso, que significado tem dizer que sou pecador? Significa dizer, simplesmente, que o pecado não é uma coisa que está fora de mim, para a qual olho, mas algo que habita muito dentro de mim. Estou inclinado ao pecado, porque levo dentro de minha pessoa uma chaga fundamental e antiga que me estimula a buscar o sentido da minha vida por caminhos errados; eles acarretarão muito sofrimento para a minha pessoa e para outros.

O pecado que cometo, ao repetir-se, vai me acostumando a pecar. Cada dia justifico com mais facilidade minhas ações com o não reconhecimento de que sou pecador. É que eu mesmo me impus a tarefa de criar e manter uma bela fachada diante da minha consciência e dos outros. Interessa-me que a parte frontal de minha casa se mostre bela, para não me sentir preocupado e que ninguém possa falar mal de minha pessoa. Essa atitude infantil é que me coloca de maneira tão defensiva perante as observações dos outros e até aos apelos da minha própria consciência. Desse modo estou disposto a defender até o indefensável visando mostrar o quanto sou bom.

Minto tantas vezes que me transformo em mentiroso. Fujo tantas vezes de assumir minhas responsabilidades que vou me tornando irresponsável. E assim sucessivamente. Depois, quando procuro melhorar, haverá algo em mim que me dirá: "não posso", "é mais forte que eu". Gerei um hábito negativo, um modo de agir automático, que me aprisiona. Chega a ser tão forte que tenho a equivocada sensação de que sempre foi assim. Dessa maneira, com meus pecados vou aumentando e reforçando meu ser pecador.

É saudável que eu parta da minha experiência pessoal de pecado para abrir-me à compreensão de sua dimensão grupal e social. Todo mal que realizo afeta os outros de alguma maneira, mesmo que meus piores pecados às vezes produzam consequências não imediatamente visíveis. Eu procuro enganar-me afirmando "não é nada", "ninguém vai saber", "a quem poderá fazer mal?" Nestas coisas acontece como na lei da física: "Nada se perde, tudo se transforma". Assim como somando pequenas ações boas vou criando um ambiente favorável para o crescimento de todos, também meu agir irresponsável torna menos respirável o ar do mundo no qual vivo, contamina o ambiente, corrompe este mundo que é a casa de todos.

Enquanto pecador sou um doente ao qual o médico não pode senão tornar-lhe conhecida sua responsabilidade pela má saúde que tem. Porque o pecado não é fatalidade, como não o são muitas das doenças físicas que existem no nosso mundo. Se me reconheço fraco para a prática do bem, muito inclinado ao que é mais fácil e cômodo, será porque no meu passado de certo modo *fabriquei* para mim essa maneira de ser com as coisas que fiz e com as que deixei de fazer. Como um mau paciente...

2 Como poderei sair deste círculo vicioso no qual estou inserido? Sei por minha fé que não posso fazer isso sozinho. Conheço por minha experiência que minha tendência é a de autojustificar-me ou a de deprimir-me. Nenhuma das duas opções permite uma resposta salutar para o meu problema. Melhor é que me ajude com o modo com que são Paulo responde esta mesma interrogação na conhecida passagem da sua Carta aos Romanos (Rm 7,14-25). Ali ele se reconhece "vendido ao pecado". Diz: "Não entendo absolutamente o que faço (...) não sou eu que faço, mas o pecado que em mim habita". É que "querer o bem está em mim, mas não sou capaz de efetuá-lo. Não faço o bem que quero, mas o mal que não quero". Tudo acaba desembocando na grande pergunta: "Quem me livrará deste corpo que me acarreta a morte?". Ao que a si mesmo responde reconhecendo o único Salvador: "Graças sejam dadas a Deus por Jesus Cristo, nosso Senhor!".

Por tudo isso, não existe caminho de saída para Paulo nem para mim se não me deixar salvar por aquele que o quer fazer, se não me deixar curar por seu infinito amor, se não deixar que sua misericórdia perdoe e apague todos os meus pecados. Ele é o Pai misericordioso que espera o filho mais novo que desperdiçou sua herança, é o pastor que busca a ovelha transviada; é aquele que prefere gastar seu tempo com prostitutas e pecadores fazendo com que nenhum deles se perca.

Essa *pessoa* sou eu, que menos merece receber seu olhar. Mas também sou eu quem mais dele necessita. Se me deixar olhar com amor e permitir que sua misericórdia invada o mais profundo de minha consciência, então se iniciará em mim o processo de salvação. Um processo que não é fruto de uma quantidade de meus esforços isolados, orientados para evitar uma grande multiplicidade de pecados possíveis. Esse processo fortalece o sentido profundo de minha vida, que faz arder em meu interior a chama do amor divino daquele que está agora apaixonado por mim como sempre esteve.

Graças a Deus que ele é Deus!, sim, graças porque ao colocá-lo como centro de minha vida, saio das areias movediças de tudo querer solucionar dentro dos estreitos limites de meus esforços humanos. Quanta liberdade adquiro e quanta graça habita em mim quando deposito tudo o que tenho de meu, inclusive meu pecado, em suas mãos! Ele me ama até com essa interminável lista de incoerências, de promessas de amor rompidas, de infidelidades repetidas. Por isso descubro-o como Deus, como o verdadeiro, não como o da minha imaginação. Porque nunca poderia atrever-me a imaginar uma resposta tão profunda e generosa às rupturas de minha vida.

Como responderei a esse amor-misericórdia de Deus? "Amor com amor se paga." Não existe outro modo senão deixar-me amar por ele para, ao seu modo, amar-me e amar os outros. O amor é o que justamente dá sentido mais profundo à minha vida. Por sua vez, é o amor que vai me sensibilizando para descobrir o sentido do pecado, sua forma de infidelidade à minha repetida promessa de seguir os mesmos passos de Jesus.

Sugestões

    a. Leio este texto intitulado "De quem é o trabalho?": "Esta é uma história a respeito de quatro pessoas chamadas: *todos, alguém, qualquer um* e *ninguém*. Era preciso realizar uma tarefa muito importante. Todos se puseram em acordo de que era necessário fazê-la: todos estavam certos de que alguém o faria, mas ninguém o fez; alguém desanimou, porque era um trabalho de todos; todos pensaram que qualquer um podia tê-lo feito, mas ninguém se apercebeu de que todos não o iam fazer. Por fim, todos acusaram alguém quando ninguém fez o que qualquer um podia ter feito".

Uma das principais formas nas quais se expressa meu ser pecador é na omissão. Talvez não faça coisas muito más, porém quantas vezes a graça de Deus fica infecunda por exclusiva responsabilidade minha! Analiso-me como pecador por omissão, anotando minhas reflexões em meu caderno de notas. Aí coloco coisas concretas que sirvam só como exemplo; o que mais interessa aqui não são os detalhes, mas sim a atitude habitual de omissão que repito de diversas formas em minha vida.

b. Abro o Evangelho segundo São Lucas, nos capítulos 3 ao 21. Seleciono algumas passagens que sejam mais significativas com relação a minha personalidade de pecador. Anoto-as para usá-las em momentos de meditação pessoal. Que mensagens trazem para minha vida? Que riquezas trazem para o sentido que hoje tem minha existência?

Como agradecer, Senhor, o infinito
do vosso amor misericordioso?
Pobre de mim se não me amásseis como me amais!
Hoje vos peço que me ajudeis a entrar
no mais escuro do meu ser pecador
para, dali, avaliar em toda a sua profundidade
a riqueza do vosso perdão.
Que isso me anime a perdoar os outros
quando seu agir fere minha sensibilidade.
Eu vos agradeço, Deus do perdão e da paz.

19

EU E O DINHEIRO

1 Em diversos momentos terei ocasião de meditar sobre minhas relações com Deus e com as pessoas, vendo-as como minha principal riqueza. Agora preciso olhar com maior atenção minha relação com as coisas e com o dinheiro. É essa a importante tarefa na qual agora embarco.

Antes de mais nada, serve-me para recordar de maneira breve alguns princípios básicos dos que me ensina minha fé por meio da *Bíblia* e da Igreja em relação aos bens econômicos. Nessa linha, compreendo que, como ser humano, sou o centro e a finalidade de toda a atividade econômica. As coisas materiais foram criadas por Deus para servir-me, não para que eu as sirva ou as torne o centro da minha existência.

Tudo o que existe foi criado por Deus e remido por ele por intermédio de Jesus. As coisas materiais são boas, mas trazem em si mesmas o perigo de *desviar meu coração*. Por isso, têm de ser libertas da ambiguidade que todo o humano traz em si e de toda a maldade que posso introduzir e de fato introduzo como ser humano, em minha atuação. O mesmo Evangelho me adverte para que esteja atento a fim de que esse desvio não me aconteça (Lucas 12,13-21), não importando se eu tenho muitos ou poucos bens. Por sua vez, Deus criou todas as coisas para todos os seres humanos; por meio delas podemos satisfazer nossas necessidades. O modo concreto como se organiza a sociedade na qual vivo pode ajudar ou não para este *destino universal das coisas criadas*, que faz parte do seu plano de amor.

Por outro lado é fácil verificar a preferência de Deus pelos mais pobres e necessitados. Como bom Pai atende e quer que ajude de modo prioritário aqueles que mais necessitam, porque são os que mais requerem amor efetivo dos outros. Um amor que na sociedade atual não pode permanecer na pura espontaneidade de dar o que tenho como fruto de minha sensibilidade pessoal em cada circunstância. Para atuar responsavelmente, preciso unir meus esforços aos dos outros por meio de instituições e organizações sérias que canalizem minhas ajudas do modo mais adequado. Oferecer-me para trabalhar a partir de motivações cristãs em algumas delas é um modo muito aconselhável de viver a fundo minha fé.

Toda a atividade econômica é uma luta contra a escassez para a satisfação das reais necessidades humanas. A partir delas percebo que não posso gastar o melhor de mim correndo atrás do mito de um progresso (econômico) sem limites, ou atrás do sonho de uma felicidade futura que nunca chega (ver o tema 1: "O valor de minha vida"). Já sei bem que só posso viver tais atividades no âmbito econômico no momento presente de minha vida, como fruto de uma existência plena de sentido, embora seja pobre na posse de bens.

Tenho meu direito de progredir no material sempre que não o fizer à custa do bem da sociedade na qual vivo, mas preferivelmente contribuindo para ela. Nesse nível, ensina-me a minha fé que o sentido de minha liberdade é sempre o da busca da vontade amorosa de Deus, e não a satisfação egoísta de todos os meus anseios e caprichos. Diante destes, apresentam-se as incríveis maravilhas com as quais me ofusca a moderna tecnologia. Reconheço-me humano e fraco: por isso estarei atento a empregar esses inventos como meios e não como fins em minha vida. O mais importante é o desenvolvimento humano-cristão de minha pessoa em relação a outras pessoas.

Sem essa obtenção, até a mais maravilhosa tecnologia carece de sentido ao ficar órfã de finalidade.

Por último, procurando ser concreto, não descuido da necessidade de olhar a marcha da sociedade na qual vivo e sua economia a partir de uma moral doadora de vida. Esse enfoque evangélico requer coerência moral nas estratégias que se empregam para crescer economicamente tanto no pessoal quanto no coletivo. A partir desse olhar, descarto desde o início princípios muito empregados como o famoso "o fim justifica os meios". Tanto esses fins como aqueles meios devem passar pelo exigente filtro da moral evangélica para o que quer que faça como ser humano não acabe sendo o mal disfarçado de bem. Além do mais, a experiência me terá indicado que descubro a realidade dos fins no que são os meios para consegui-los. Por isso, a partir de minha fé, apoio as mudanças necessárias para que minha sociedade seja mais justa. Mas não me afilio ingenuamente a qualquer proposta de reformas drásticas e até violentas somente porque promete conduzir-nos todos, algum dia, a vivermos um paraíso aqui na terra. Ser cristão não é, para mim, ser conservador das atuais estruturas, mas sim acompanhar os processos de meu grupo social com um olhar atento às mudanças possíveis nas quais posso colaborar em cada momento, procurando privilegiar o interesse dos que mais necessitam.

2 *Autoajuda* não significa fechar-me, mas potencializar os dons de Deus em mim. A partir deles abro-me para a sociedade na qual vivo, de modo especial às realidades econômicas. Por enquanto basta-me procurar entender e assimilar os princípios gerais expressos na primeira parte deste tema.

Estão expressos em uma linguagem o mais simples possível. É importante que os compreenda e possa aplicar tais princípios à minha análise e atuação no meu meio social. Tomarei isso em consideração, sobretudo se grande parte de minha vida se desenvolve em ambientes trabalhistas nos quais minhas relações estão mantidas pelo econômico (por exemplo: política partidária, bancos, comércio...). Não posso deixar *desamparados* esses âmbitos das riquezas que vão ao encontro da minha fé. Sou cristão não só para viver a fé na minha vida pessoal e familiar, mas para unir-me aos outros membros de minha comunidade de Igreja, contribuindo para que o Reino de Deus vá se concretizando no meio das complexas estruturas da sociedade em que vivo.

Dar-me-ei conta de que esta tarefa é algo nada fácil. O próprio Jesus adverte que "ninguém pode servir a dois senhores (...). Não se pode servir a Deus e ao dinheiro" (Mateus 6,24). Se procuro servir a Deus em minha vida, defrontar-me-ei com aquelas estruturas e até pessoas que, ao menos implicitamente, tomaram a outra opção. Assim, volto a me encontrar com a dimensão do martírio de minha fé: sou chamado, como cristão, a dar testemunho do modo evangélico de servir-me dos bens materiais e a sofrer as consequências dessa opção de acordo com minhas convicções.

Ilumina-me a palavra de Deus lida e meditada pessoalmente e na comunidade. Mas também o faz o magistério de minha Igreja, que tantas orientações tem para iluminar e acompanhar a atuação dos cristãos no meio do mundo concreto. Os ensinamentos sociais da Igreja estão aí, esperando que os aprenda e aplique junto com outros cristãos que também queiram viver de maneira profunda e apaixonada sua fé.

Sugestões

a. Depois de ter realizado ao menos uma leitura deste tema, procuro alguma pessoa que conheça e esteja interessada em viver a fé no âmbito social. Proponho-lhe reler o material, relacionando-o com a realidade social e econômica que nos rodeia. Procuro ser prático, passando pelos princípios gerais à realidade da vida.

Não me assusto caso a tarefa fique fácil nem me surpreendo se, diante das dificuldades, tais princípios me pareçam perfeitos demais. O Evangelho aponta para o alto porque se propõe à desafiadora tarefa de transformar, segundo Deus, toda a criação. Eu tenho o privilégio de ter sido convidado a colaborar nesse processo para fazer real, desde agora, o Reino de Deus nesta terra.

b. Sintetizo as ideias que me parecem mais úteis em frases breves e atraentes (como para publicidade ou mala-direta) à mão ou utilizando o computador. Eu as colocarei ao alcance de meus olhos em meu local de trabalho (dentro ou fora de minha casa). Darei cópias em forma de frases soltas a pessoas conhecidas que estejam abertas a esta mensagem.

c. Medito o texto de Mateus 6,24-34 (confiança na Providência). É interessante realizar essa meditação em lugar no qual a questão econômica é prioritária (por exemplo: na fila de um banco). Isso tem a finalidade de aprender a dar prioridade à minha fé, inclusive em ambientes de alguma forma hostis a ela.

d. Posso juntar o texto de Mateus 19,16-22 (o jovem rico). Ele diz algo especial para a minha vida hoje?

Ajudai-me, Senhor, a experimentar vossa presença no meio do complexo traçado do mundo em que vivo.
Possa eu encontrar as sementes do Evangelho que crescem no terreno agreste dos bens materiais e do jogo dos interesses econômicos.
Ajudai-me a colocar-vos e as pessoas em primeiro lugar, para que possa servir-me das coisas sem a elas servir.

20

CRÍTICA E DISCERNIMENTO

1 Minha cabeça trabalha a todo momento, até quando durmo. Não posso deixar de formar uma ideia sobre mim mesmo e sobre a realidade que me rodeia. Esse é um processo natural, fruto de minha adaptação ao meio ambiente. Mas como funciona minha cabeça? Exerço influência sobre esse processo ou tenho de obedecer cegamente a algo sobre o qual nada posso fazer?

Diante das coisas que diariamente acontecem, as posições pessoais e as opiniões costumam ser muito diferentes. O ponto de partida dessa diversidade está no modo diferente como cada um de nós vê a realidade. Nada do que eu percebo é uma fotografia ou filmagem neutra dos acontecimentos. Há muito de mim naquilo que capto da realidade. Nesse momento atua um poderoso *filtro* que deixa passar algumas coisas para a minha consciência e bloqueia outras. E às que me chegam, por sua vez, dou-lhes maior ou menor importância e significado, segundo minha atuação pessoal.

Tudo isto não é problemático enquanto predominarem em minha mente os dados sobre minhas interpretações da realidade. Se não fosse assim, teria início um perigoso processo de acreditar que existe fora de mim somente o que existe na minha consciência. Nesse caso a balança se inclinaria tanto para meu interior que cada vez conseguiria estabelecer menos diferenças entre o que acontece objetivamente e minhas interpretações e sentimentos.

Um fator que previne esse risco é minha frequente comunicação com os outros. Ela é muito importante para me reequilibrar continuamente em minhas percepções. Caso ela falte, corro sério risco de me abandonar a um predomínio crescente do polo subjetivo de meu mundo até o extremo da loucura. Nesse sentido posso dizer que as pessoas com as quais me comunico são as minhas melhores garantias para eu não cair em alucinações.

Essa reflexão, um pouco extensa, serve para abordar o tema da crítica e do discernimento. Originariamente, *crítica* tinha o mesmo significado que discernimento. Mas, com o passar do tempo e uso, seu significado também ganhou um sentido negativo. Hoje falamos em *criticar* quando ressaltamos os aspectos negativos de alguém ou de alguma coisa. Diante disso, a primeira questão que posso propor-me é: como está atualmente minha crítica? O método das bipolaridades que mostra alguns extremos entre os quais posso mover-me: autocrítica – heterocrítica (para com os outros); criticismo – ingenuidade; negativismo – espírito construtivo, etc.

2 Diante de tais alternativas, proponho-me fortalecer, como início, minha autocrítica, o espírito construtivo e conseguir um sadio equilíbrio entre um excesso de crítica, por um lado, e uma atitude ingênua (distinta da sã inocência), por outro. Para compreender-me melhor, é conveniente partir de que o instrumento da crítica é minha própria pessoa. Nas opiniões que dou sobre a realidade, estou me projetando e expressando como sou e como me sinto. O pessimista está em desacordo com tudo porque está descontente com sua realidade pessoal. Minha tendência ao destacar os aspectos positivos ou negativos de minha vida revela com clareza o conceito que tenho de minha pessoa. Nunca devo esquecer: "trato os outros como trato a mim mesmo".

Por isso, mais uma vez, o autêntico trabalho inicia-se por mim. Jesus diz que: "A boca fala do que lhe transborda do coração" (Mt 12,34). Isso vale também para o tema que agora estou refletindo. Se não supero em mim o que já me vem atrapalhando há tanto tempo, não será possível ver com olhos límpidos minha própria realidade e a que me circunda. E, por sua vez, minha boca expressará o negativismo que reside em mim.

Diante do que disse, uma boa alternativa para a simples crítica é o *discernimento cristão*. Trata-se de uma atitude, fruto do crescimento pessoal no verdadeiro amor, que me permite ver a realidade com olhos semelhantes aos de Deus. Quando me coloco no ponto de vista de minha fé, a realidade adquire uma nova profundidade, um sentido muito mais profundo. Não posso me conformar com *opiniões* superficiais sobre a vida. Crer, para mim, significa também ir adquirindo um olhar cada vez mais amplo e misericordioso em relação à minha existência e à dos que comigo convivem.

Reconheço a necessidade que hoje tenho de *converter-me* para a realidade, não me deixando fechar nos preconceitos, temores, expectativas desmesuradas, etc., que povoam meu interior. Se estivesse menos preocupado com minha pessoa, menos centrado em mim mesmo eu seria mais positivo e mais construtivo no meu agir e no meu falar. A proposta de Jesus segue por esse caminho: renunciar a mim mesmo para viver apaixonadamente a vida e servir os outros como ele o fez. Uma contínua experiência de autêntica comunidade cristã é o ambiente ideal para que isso me seja possível.

Um caminho privilegiado para essa conversão é a comunicação com os outros. Trata-se, antes de tudo, daquela na qual, desde meu coração, consigo *tocar* o coração do outro e me deixo tocar por sua pessoa. O diálogo amigável e amoroso é capaz de conseguir maravilhas diante dos golpes e ferimentos recolhidos no caminhar de minha vida. Necessito deixar-me ajudar e ver melhor as coisas, descobrir *a face oculta da lua*, aquilo que meu *filtro* interior não me permite ver. Para isso é importante permitir-me (e até exigir de mim mesmo) falar com pessoas diferentes de mim em idade, nível social, mentalidade, fé religiosa, etc. Não se trata de relativizar tudo. Estou contente por ser quem sou e por tudo que constitui minha pessoa. Mas também estou convencido de que esta abertura à diversidade me tornará mais flexível e enriquecerá o que sou e o que penso.

Recordo uma e outra vez o que disse acima: "trato os outros como trato a mim mesmo". Isso é tão lógico como afirmar que tenho um só coração para amar (ou detestar). Não posso desdobrar-me em duas ou mais pessoas. É impossível que minha relação com os outros siga por um caminho, e minha relação comigo mesmo siga por outro. Nem mesmo minha relação com Deus escapa dessa regra. Por enquanto, basta-me aprimorar, o melhor possível, minha relação com os outros. O primeiro beneficiado serei eu próprio.

Sugestões

a. Tomo nota em minha caderneta de alguns aspectos da realidade que mais me afetam e que menos conheço. Pode ser pessoas, grupos, lugares físicos. Proponho aproximar-me deles e a estabelecer um contato, ao menos inicial.

b. A partir da etapa anterior, costuma brotar o interesse de aprofundar a relação com alguma pessoa ou grupo favorável ao meu crescimento. Não fico à espera de que o outro tome a iniciativa. Superando medos, timidez, temores, pavor de ser rejeitado..., dou os primeiros passos. Mesmo que a relação não se aprofunde, terei ganhado em coragem e valentia para enfrentar situações novas que até agora posso ter evitado.

c. Na lista anterior deve haver pessoas muito diferentes de mim. Se não existirem, isso quer dizer que estou me movimentando em um círculo muito fechado que não me ajuda amadurecer. Nesse caso, agrego algumas pessoas que talvez não conheça, mas nas quais percebo alguma riqueza pessoal. Sem demora, vou procurar comunicar-me com algumas delas. Evitarei que o diálogo se reduza a termos rotineiros e superficiais. Procurarei entender seus diversos pontos de vista sobre a realidade, seu modo de ver a Igreja (se não se sente membro ativo dela), sua diversa experiência de vida.

d. Existe, ao menos, uma pessoa com a qual posso e devo melhorar meu trato. A partir de agora vou propor-me maneiras simples de aproximar-me dela. Isso deve permitir o início de uma nova etapa em nossa relação. Se essa pessoa for muito próxima de mim (por exemplo, um familiar), é previsível que eu perceba como se cumpre a afirmação de que tratando-a melhor eu mesmo me sentirei melhor (mesmo que o processo seja lento e com previsíveis tropeços).

Neste momento, Senhor, peço-vos que purifiqueis meu olhar para assemelhá-lo mais ao vosso.
Dai-me vossos olhos de amor para não projetar meus conflitos sobre a realidade que me rodeia.
Ajudai-me a descobrir os segredos de amor divino ocultos na simplicidade da minha vida de todos os dias.
Dai-me também forças para sair do círculo fechado de meus costumes para mundos novos onde possa eu encontrar-vos em meus irmãos.

21

O DISCERNIMENTO

1 Ao falar no bloco anterior sobre a crítica, surgiu-me o tema do discernimento. De que se trata? Para mim, como cristão, é a arte de conhecer a vontade de Deus em uma situação de conflito. Mas posso conhecer a vontade de Deus em relação à minha vida? Como saber que não estou confundindo a vontade de Deus com as minhas preferências, conveniências e até caprichos?

O discernimento apresenta-se em dois níveis: o pessoal e o comunitário. Devido às características desta obra, estará destacado o primeiro sem descuidar de que muitas das coisas referidas podem se aplicar ao segundo.

O importante para mim, como crente, é encontrar a vontade de Deus em um clima de fé e responder a ela com a correta docilidade. Isso, definitivamente, é procurar minha própria vocação. Essa busca pode levar-me, às vezes, a sentir-me obrigado a realizar coisas que as normas gerais não mandam. É que as leis existem simplesmente para assinalar as diretrizes. O meu caminho, como o de cada um, é inatingível pela norma geral.

De onde surge a capacidade de discernir adequadamente em relação à minha vida e a dos outros? É o fruto de uma transformação que somente Deus pode realizar em mim. Se me converto para ele e o deixo agir, ele irá mudando minha pessoa e meu interior. Através desse processo irei adquirir uma sensibilidade nova que me permitirá ver as coisas *com os olhos de Deus*. Não se trata de algo mágico, pois não é possível consegui-lo sem trabalhar com perseverança, abrindo espaço a Deus em minha vida, deixando-me iluminar por sua palavra.

Essa mudança me leva a amar cada vez mais com o amor de Deus. É um amor que ilumina minha inteligência para que possa entender e perceber aspectos da realidade que antes para mim estavam ocultos. O discernimento é uma arte, não uma ciência. Não depende do meu nível intelectual ou cultural, mas da profundidade da minha própria fé. Prende-se mais à santidade autêntica que eu esteja vivendo do que às ideias teológicas que eu possua.

Com o que disse, reconheço que não se trata de encontrar justificativas para uma posição prévia que eu tinha. Nem mesmo de juntar argumentos para convencer outros de que devem fazer o que eu penso. O centro é sempre a vontade de Deus, seu plano de amor, que pode ter previsto para mim coisas desconcertantes e insuspeitadas. No fundo, o melhor para mim é o que Deus quer, mesmo que se oponha a meu atual e reduzido projeto humano.

O discernimento que aqui se trata supõe que a situação não esteja clara, que existem duas ou mais opções aparentemente boas, que me encontro inseguro em relação ao que devo fazer nesta ocasião. Para isso não basta escutar a opinião de outros, sobretudo quando os pareceres alheios também se dividem segundo as pessoas que os expressam. O discernimento é, pois, intuição do projeto de Deus sobre mim. Um projeto que, de algum modo está vivo em meu interior por meio da ação do Espírito Santo, ao qual devo frequentemente pedir que me ensine os melhores caminhos.

2 São Paulo é um grande mestre do discernimento cristão. Dele extraio algumas citações que podem reforçar o que anteriormente já disse:

- "Não vos conformeis com este mundo, mas transformai-vos pela renovação do vosso espírito, para que possais discernir qual é a vontade de Deus, o que é bom, o que lhe agrada, o que é perfeito" (Rm 12,2).

- "Procurai o que é agradável ao Senhor, e não tenhais cumplicidade nas obras infrutíferas das trevas; pelo contrário, condenai-as abertamente" (Efésios 5,10-11).

- "Examinai tudo: abraçai o que é bom" (1Tessalonicenses 5,21).

- "Peço, na minha oração, que a vossa caridade se enriqueça cada vez mais de compreensão e critério" (Filipenses 1,9).

Algumas contribuições práticas referentes ao discernimento:

a) Assunto sobre o qual discernir: habitualmente apresenta-se de maneira espontânea, sem necessidade de procurá-lo. Deve ser um problema que se refira a um assunto prático, do qual não atino claramente com a resposta, que esteja em minhas mãos fazer algo e que tenha importância para me entregar à reflexão. É conveniente começar com assuntos que não tragam consequências importantes para outros, até adquirir uma certa prática na arte de discernir.

b) Começo procurando a informação necessária a respeito do assunto, para não decidir de maneira apressada. De passagem, recolherei opiniões de algumas pessoas habitualmente sensatas. Cuidarei de incluir pessoas que pensam diferente do que penso, mas que se mostram honestas e sensatas. É um engano procurar apenas confirmação das minhas ideias. As pessoas às quais recorro podem me iluminar, mas não substituem o trabalho de consciência que eu tenho de fazer.

c) Agora preciso colocar em ação os critérios da fé. É preciso muita oração e reflexão em Deus para poder situar-me no ângulo adequado do qual começar a elaborar uma resposta. Às vezes é esclarecedor perguntar-me: que faria Jesus em meu lugar? Que resposta daria tal ou qual pessoa santa a uma situação como a que encontro diante de mim?

d) Em todos os temas ou situações é importante a iluminação da palavra de Deus e, com frequência, do magistério da Igreja. Não espero, todavia, encontrar aqui respostas prontas, mas sim orientações que ampliem meu campo de consciência para o que Deus espera de mim.

e) Algumas advertências: preciso estar atento à inércia que costuma me levar a decidir *como sempre tenho feito*, sem me questionar se é o mais adequado. Também devo considerar com atitude autocrítica que existem, às vezes, escolhas que realizo somente para favorecer minha comodidade, o que me agrada ou para evitar a crítica alheia. Estas motivações não podem ser as principais para meu discernimento como cristão.

Quando estou elaborando anotações a respeito de uma decisão, é útil perguntar-me se para isso tomei em consideração acima de tudo o que Deus quer de mim, minha comodidade ou fazer o que os outros esperam. Esses são três pontos de apoio diferentes dos quais podem derivar respostas também diversas. Com surpresa talvez descubra que, mesmo sendo cristão ativo, decido muitas coisas segundo o que faz a maioria ou de acordo com a *lei do menor esforço*. Neste caso, minha fé não está sendo suficientemente forte e ativa para deixar intervir Deus e a sua vontade.

f) Decisão: em algum momento precisarei decidir-me por alguma resposta. Se eu fiz o processo anterior com consciência, tenho mais probabilidade de discernir de maneira adequada. Mas nunca sou infalível. Por isso ocasionalmente, antes de tomar a decisão, pode ser oportuna uma consulta final com uma pessoa ou pequeno grupo que possa me assessorar. Para escolher, levarei em consideração o que diz são Paulo, que o bom discernimento é fruto do amor, ou seja, da proximidade de Deus. Minha resposta será tão flexível quanto possível, pois é a realidade que às vezes confirma (ou desmente) se tomei o caminho correto.

Sobre isso resta ainda um aviso. O correto do discernimento não se mensura pelo simples sucesso imediato do que se escolheu. Frequentemente o caminho da coerência evangélica pode me conduzir ao sofrimento como aconteceu a Jesus. Mas foi também ele que levou a entender que a bondade da árvore (do discernimento) se reconhecerá pelos frutos que tarde ou cedo eu consiga colher.

Sugestões

a. O conteúdo da segunda parte deste tema é muito prático. Por isso, como sugestão, basta procurar relacionar os passos desenvolvidos com a maneira habitual em que tomo decisões importantes em minha vida. Assim poderei notar meus acertos e as lacunas que ainda preciso preencher.

b) Em segundo lugar, quando se apresentar a ocasião, tentarei aplicar esses passos a alguma decisão importante para mim. Depois de fazê-lo, refletirei com questões como estas: como vivi esse processo? Que ressonâncias despertou em meu interior? Teve alguma consequência no ambiente de fé em que vivo?

c) Medito 1Tessalonicenses 5,16-22 (examinai tudo e ficai com o que é bom). Posso complementá-lo com a reflexão serena dos outros textos citados neste tema.

Quanto me custa, Senhor, encontrar vossa vontade! Na realidade, tenho de confessar-vos que, com frequência, não a busco como deveria. Neste momento, o melhor é que vos peça humildade para escutar vossa palavra e decisão para seguir os caminhos que, dentro de mim e por meio da comunidade cristã, ides me indicando. Só deste modo poderei crescer no amor, que é a base de todo discernimento.

3ª Parte

Compro um terreno e nele trabalho

22

A CONSCIÊNCIA PROFUNDA (A SABEDORIA I)

1 Em minha pessoa existe algo que tende a unificar tudo: minha consciência profunda. Dela vou ocupar-me agora. O termo *consciência* assume aqui o primeiro sentido básico de tipo psicológico: aquele do qual me apercebo ou posso me aperceber, do qual estou consciente. Em relação a ele, desenvolveu-se uma longa tradição da teologia moral católica que fala da consciência como lugar no qual passo a discernir minha conduta sob o ponto de vista do bem e do mal. É um processo em que reconheço raízes bíblicas (coração, sabedoria-prudência e, sobretudo, o mesmo termo *consciência* nas cartas de Paulo). Esta consciência, no que tem de mais profunda, pode ser considerada como o lugar onde reside a sabedoria cristã, a partir da qual defino os rumos de minha existência. Por isso é importante também esclarecer esse segundo termo.

Desde os tempos antigos os seres humanos já buscavam a *sabedoria*. Também hoje ser realmente sábio é uma meta que merece ocupar minha vida. Preciso entender da melhor maneira possível o que aqui é *sabedoria*. Para fazê-lo, começarei descartando o que não é ou o que não a expressa de modo pleno.

Sabedoria antes de tudo não é acumulação de saber teórico ou técnico. Não é sabedoria possuir muitos títulos acadêmicos ou muitas habilidades práticas na vida, embora elas se refiram a âmbitos tão significativos como o das relações humanas ou o da teologia.

De maneira positiva, vamos procurar construir pouco a pouco uma descrição da sabedoria. Ela habita o interior de minha pessoa, tem a ver com o rumo da minha vida, ilumina as grandes decisões de minha existência, relaciona-se de modo profundo com a fé que vivo hoje. Para reconhecer sua riqueza de sentido é útil tomar os livros sapienciais do Antigo Testamento, bem como outras passagens desse estilo tanto no Antigo quanto no Novo Testamento. Mais ampla será ainda a visão se eu somar a isto as diversas elaborações dos teólogos cristãos ao longo da história, sem descuidar dos autores de espiritualidade, especialmente os que têm afinidades com o enfoque que aqui tem este assunto.

2 Como cresce a consciência profunda dentro de mim? Que é que promove meu crescimento em sabedoria? Responder a essas interrogações é um enorme desafio. Por isso me conformo com algumas afirmações básicas em razão da finalidade que esta obra tem.

Tanto consciência quanto sabedoria têm a ver com a história de minha relação com Deus, com meu itinerário de fé. Ambas as realidades são antes de tudo um presente de Deus, não só no início de minha existência, mas no desenrolar-se dos acontecimentos posteriores. O Concílio, em *Gaudium et spes* n. 16 diz, com uma bela imagem, que "a consciência é o núcleo mais secreto e o sacrário do homem, no qual se encontra a sós com Deus, cuja voz se faz ouvir na intimidade do seu ser". Creio que podemos falar de modo sintético de *sabedoria de consciência* ou de *consciência sábia*. A atitude que tenho em minha vida é a que me ajuda ou não a aceitar essa sabedoria que tem sua fonte em Deus. Efetivamente, aqui se trata de um processo de transformação que o próprio Deus (mais exatamente o Espírito Santo) vai produzindo em meu interior.

Por isso posso ser sábio sem ter grandes conhecimentos doutrinais ou grandes habilidades manuais. É uma sabedoria que, como constata Paulo na Primeira Carta aos Coríntios, com frequência contraria o que se valoriza no ambiente em que vivo. Diante dessa oposição, cumpre-me recordar que uma de minhas atitudes básicas de bom cristão é *deixar-me transformar*, escolhendo uma atitude por momentos passiva para que outro faça sua obra em mim. Esse *outro* é o Espírito que me levará a compreender o humanamente incompreensível. Isso acontece não porque Deus me proporciona uma revelação particular, mas sim porque, deixando-o agir em mim, adquire um sentido especial e profundo de acontecimentos e palavras que de outra maneira me passariam despercebidos. Viver como seguidor de Jesus, perseverando em seu caminho, cria em minha consciência o lugar adequado para que sua palavra salvadora tenha essa ressonância que me introduz em uma sabedoria que me ultrapassa.

Para que fique mais claro, verei com um exemplo. A conhecida passagem do lava-pés (João 13) pode ser lida por mim em duas situações totalmente diversas. Em uma delas, identificado com a mentalidade habitual em nosso mundo, considero que é necessário lutar para *conseguir uma posição* na qual desfrute o trabalho realizado. Meu ideal é ter os meios necessários para poder consumir os bens e serviços que outros me forneçam. Nesse caso, a passagem de João 13 pode me resultar insistente e até comovedora, levando-me, além disso, a algum gesto isolado de ajuda a outros, sem mudanças em meu estilo habitual de vida.

Em outra posição, sinceramente disposto a deixar transformar minha vida pela Palavra, leio o mesmo texto, medito-o, aplicando-o à minha vida, e sinto-me estimulado (pelo Espírito) a crescer em uma atitude habitual de serviço. Por sua vez, será esta mudança de modo de viver que me permitirá voltar uma e outra vez ao mesmo texto para descobrir nele novas riquezas. De modo particular, entenderei por experiência (que é o modo mais profundo de compreender) o sentido das belas palavras do versículo 17: "Se compreenderdes estas coisas sereis felizes, sob condição de as praticardes" (a condição de lavar os pés). Portanto, para a mentalidade do meio é uma loucura considerar fonte de felicidade o serviço desinteressado em um mundo no qual tudo ou quase tudo tem preço. Todavia, para quem procurar viver de acordo com o Evangelho isso aparece como o mais natural. Desse modo a Palavra me revela, mas também me confirma um modo de viver cada vez mais de acordo com ela. Esta é a verdadeira sabedoria com a qual estou chamado a atuar desde o mais profundo da minha consciência.

Este comentário tão extenso tem sua razão de ser na tentativa de esclarecer com um exemplo o que disse mais acima de modo sintético. Também cumpre a finalidade de unir sabedoria com Palavra de Deus, em conexão com o tema cinco, "Um guia para meu caminho (a *Bíblia*)", que veremos mais adiante. Para tudo o que foi dito, a chave está em fazer que minha vida seja sabedoria, em viver em intensa relação com Deus para me deixar transformar por ele. Viver apaixonadamente essa aventura é descobrir cada dia com mais clareza o tesouro que Deus ocultou no campo da minha consciência e a pérola preciosa de sua sabedoria vivendo dentro de mim.

Sugestões

a. Crescer em consciência profunda e em sabedoria é uma meta significativa para todo bom cristão. Até agora, que decisões tomei que me permitiram desenvolver esses aspectos?

b. Meu modo atual de viver a fé ajuda-me a crescer na verdadeira sabedoria? Mantém-me aberto ao que Deus está querendo me ensinar?

c. Deixo Deus agir em minha vida? Que sinais descubro para dizer *sim* ou *não*?

d. Tomo o texto do lava-pés (João 13). Medito-o, tomando em consideração as observações feitas neste tema. Que conclusões tiro para minha vida?

e. Habitualmente faço de minha vida sabedoria? Onde é que a noto?

> *Meu Deus, sabedoria minha,*
> *ajudai-me a entrar*
> *em minha consciência para descobrir a vós.*
> *Aprenda eu a encontrar-vos*
> *no fundo do meu interior*
> *assim como nos acontecimentos*
> *da história que me rodeia.*
> *Desse modo viverei a cada momento*
> *a bela certeza de que nunca me abandonais,*
> *de que sois em todo momento*
> *o Pai que me protege e acompanha*
> *meus caminhos.*

23

A CONSCIÊNCIA PROFUNDA (A SABEDORIA II)

1 Volto a me reencontrar com este tema importante para aprofundar-me mais nele. Agora contemplo a sabedoria no nível máximo de minha inteligência a qual emprego para solucionar muitos dos meus problemas diários. Mas nunca me defronto com uma questão mais profunda e importante do que quando me faço as perguntas fundamentais da minha existência: para que vivo? Para onde conduzo minha vida?... É que a sabedoria, habitando no fundo da minha consciência, permite-me contemplar a realidade desde os supremos valores, colocando diante de mim a revelação do que sou como pessoa, como filho de Deus. Ajuda-me a captar a multiplicidade que me rodeia como uma totalidade que tem sentido, que tem um rumo, que tem sua razão de ser.

Vivendo esta sabedoria, posso descobrir uma profundidade e um colorido novo em tudo o que existe. Até o mais habitual me aparecerá sob uma luz maravilhosa, podendo abrir-me para o mistério como centro de tudo o que existe. Sei muito bem que esse mistério, essa maravilha escondida e revelada tem como nome último Deus que dá sentido a tudo. Poderei descobri-lo fora de mim se antes o encontrei em meu interior, em minha consciência, e se me mantiver em um contínuo e fervoroso diálogo com Deus (oração). Esse modo divino de ver as coisas vai me tornando *sábio* sem que eu me aperceba. Vou encontrando novo sabor em minha vida, e não é estranho que esta expressão culinária esteja aparentada com a palavra sabedoria e com seu sentido mais profundo.

Em tudo isso o melhor caminho é voltar ao agir de Jesus. Foi sábio porque soube discernir de modo admirável o que o Pai esperava dele em cada momento. Também porque reconheceu, depois, as perguntas enganosas que lhe fizeram seus inimigos, ao mesmo tempo que recusou os falsos messianismos que lhe propuseram. Escolheu habilmente suas palavras e exemplos (parábolas...), falando sempre com extrema liberdade. Teve o bom senso de escolher os momentos para aparecer em público ou desaparecer, para falar ou para calar-se. De seu profundo amor e comunicação com seu Pai conseguiu distinguir o momento para cada coisa. Não apressou sua hora, o momento de sua entrega; mas quando essa hora chegou, ofereceu-se com audácia e amor até dar a vida com plena consciência.

A sabedoria de Jesus me ensina um modo de emprego dos bens materiais diferente do predominante nesta sociedade. Não é sábio quem "entesoura para si mesmo e não é rico para Deus" (Lucas 12,21). Ele ensina que é mais sábio dar tudo aos pobres, conseguindo assim: "um tesouro inesgotável nos céus, aonde não chega o ladrão" (Lc 12,33). Preciso buscar "em primeiro lugar o Reino de Deus e a sua justiça e todas estas coisas vos serão dadas em acréscimo" (Mt 6,33). Com tudo o que foi dito aqui, quase sem me aperceber, estou me encontrando novamente com as duas parábolas que tomo como referência nesta obra: o tesouro escondido no campo e a pérola preciosa. Somente a partir de minha consciência cristã, rica em sabedoria, poderei discernir o acerto de renunciar a muito para conseguir tudo.

Prosseguindo no enfoque bíblico deste tema, convém que me detenha um pouco na obra de são Paulo com suas ricas referências ao discernimento cristão. Como vimos no tema 21 "O discernimento", a sabedoria verdadeira provém de uma mentalidade transformada, que me permite "distinguir qual é a vontade de Deus: o bom, o agradável, o perfeito" (Rm 12,2). Não é demais recordar que a transformação da qual surge a sabedoria vai realizando-se em mim sobretudo pelo amor. Se eu deixar o Espírito trabalhar em mim, ele será capaz de realizar essa maravilha, esse dom milagroso. O crescimento nesse amor se exprimirá em meu interior "cada vez mais em compreensão e critério" (Filipenses 1,9). A tarefa não vai ser fácil para mim; de todo modo, ser cristão não é deixar-me invadir pelo medo, mas confiar na força de Deus que nunca me deixa sozinho. Por isso estarei disposto a provar tudo e a permanecer com o que é bom, como fez e me aconselhou Paulo (1Ts 5,21-22). Em definitivo, minha principal preocupação tem de ser em tudo "agradar ao Senhor" (Ef 5,10); para que me encontre preparado no ocaso de minha vida (cf. Fl 1,10; 1Cor 3,13).

Eu reconheço no íntimo de minha consciência o lugar em que habita o Espírito. Ele é a Nova Lei prometida desde tempos antigos a Israel por meio dos profetas (Jeremias 31,32-34). A Palavra de Deus é o caminho para poder conhecê-la, fazê-la minha, viver dela. Mas será o Espírito quem abrirá minha consciência para transformar meu interior, entendendo o que ela ensina e colocando-os em prática. Só com esta atitude renovada posso aproximar-me de modo adequado dos ensinamentos de Jesus. Tornam-se para mim agora mais claras suas palavras no "sermão da montanha" (Mt 5,1ss), sobretudo as bem-aventuranças. O Espírito, protagonista da nova aliança, guia-me para conhecer e cumprir a vontade de Deus em minha vida. Dele provêm minhas atitudes fundamentais de cristão, em particular a caridade, o amor, que resume e cumpre toda a lei.

2 Deixar-me levar pelo Espírito de Deus me introduz em um estado de liberdade verdadeira, que não é capricho nem rebeldia, mas obediência amorosa ao melhor que existe dentro de mim (esse mesmo Espírito). Quanta felicidade possível está esperando ser despertada em meu interior como fruto desse particular modo de vida ao qual Deus me chama. Toda norma exterior terá valor na medida em que me ajuda a abrir-me cada dia mais a esse habitante interior e a seguir seus ternos impulsos. Eles estão *escritos* em minha consciência, à maneira de guias para meus discernimentos.

Junto com são João Crisóstomo (Antioquia, atual Antaquia, Turquia), posso dizer que "minha vida deveria ser tão pura que não necessitasse de escrito nenhum (...). Com efeito, a seus discípulos Deus não deixou nada por escrito, mas lhes prometeu a graça do Espírito Santo (...). É o Espírito Santo que baixou do céu quando foi promulgada a nova lei, e as tábuas que ele gravou nessa ocasião são muito superiores às primeiras: os apóstolos não desceram do monte trazendo, como Moisés, tábuas de pedra em suas mãos, mas o que traziam era o Espírito Santo em seus corações, transformados mediante sua graça em uma lei e em um livro vivos".

Isso assim é porque, na realidade, o único plenamente sábio é Deus. O Espírito, por meio de sua Palavra, dá-me a conhecer algo dessa sabedoria, na qual não posso entrar senão através do amor como dom seu e atitude fundamental minha. É um amor que imagino como um fogo que arde dentro de mim e me leva a desejar que os outros ardam de modo semelhante. Sem ele não encontro um impulso permanente para lutar com decisão diante de todas as dificuldades que a vida vai me apresentando. Caso seja acesa e permaneça essa fogueira no meu interior, não existirá dificuldade nem impossibilidade que me feche o caminho de modo definitivo. Hoje não posso conseguir isso? Amanhã voltarei a tentar, porque existe algo dentro de mim que me estimula a seguir em frente. Não é um capricho, não é uma ansiedade por ativismo, é um amor tão grande porque se assemelha ao amor de Jesus que não se deteve em sua entrega missionária até que se consumou por amor na cruz.

Sugestões

a. Faço uma lista de perguntas fundamentais sobre a minha existência como: para que vivo? Para onde conduzo minha vida?... Depois procuro compará-las a partir da minha atual experiência, não a partir das minhas ideias.

b. A sabedoria dá *sabor* à vida. Que sabor têm, habitualmente, os dias da minha existência? Embora não sejam fáceis, são aprazíveis para mim e para os que compartilham minha vida?

c. "... renunciar a muito para conseguir tudo." Releio o parágrafo no qual se encontra essa frase. Pergunto-me sobre minha atitude de apego ou de desapego em relação aos bens materiais que possuo, poucos ou muitos.

d. Olhando meu modo de agir, que relação encontro hoje entre minha consciência profunda (sabedoria) e os outros níveis de minha pessoa? Vou conseguindo a harmonia e equilíbrio dinâmicos em mim?

e. Seleciono algumas das citações presentes neste tema, leio-as e escrevo a respeito delas, aplicando-as à minha vida.

A vós, Espírito Santo, peço-vos que me ajudeis
a crescer na verdadeira sabedoria.
Mais de uma vez ter-me-eis encontrado desnorteado
pelos caminhos da vida, necessitado da vossa presença.
Hoje venho implorar-vos não só por mim,
mas por muitos e muitas que vos buscam na escuridão
de seu interior e nas trevas exteriores
sem descobrir ainda vossa luz.
Eu vos agradeço por me responderdes sempre.

24 MEUS FREIOS PARA CRESCER (I)

1 Agora me concentro em algumas coisas que podem frear meu processo de crescimento, segundo o que Deus espera de mim. Sirvo-me aqui de algumas ideias de um curso de formação.

Posso classificá-las em dois grupos: as que têm a ver com minha atitude diante dos outros e as que se relacionam com meu próprio modo de ser. Neste primeiro bloco falarei de minha dependência em relação aos outros.

Cheguei à vida como argila pronta para ser moldada por aqueles que compartilhavam essas etapas iniciais da minha existência. O que hoje eu sou em boa parte é fruto dessas primeiras interações tão significativas para mim. Em minha vida adulta, deveria ter adquirido autonomia dos outros para poder descobrir e escolher meu caminho pessoal. Não obstante, posso hoje, ainda, perguntar-me diante de cada opção: que farão os outros, que pensarão de mim, que irão dizer se eu procedo de tal maneira, quais são suas expectativas em relação à minha pessoa? Se esses questionamentos ocupam o centro de minha mente nos momentos de decisão, é sinal de que me falta amadurecer muito para ser o que Deus espera de mim como cristão adulto.

Não se trata de evitar esse perigo isolando-me do contato com outros. Uma tal opção não é útil; até pode ser perigosa, caso seja fruto de uma posição extremista. E mais, os outros podem ser (e de fato são muitas vezes) sinais de revelação da vontade de Deus sobre mim. Ele está realmente presente em outras pessoas, como o deixa entender Jesus nos evangelhos. A questão é se sou capaz de ir mais além das pessoas concretas até descobrir Aquele que as habita.

Os outros podem inspirar realidades muito profundas em minha pessoa quando, por sua vez, vivem um caminho de busca no estilo do que estamos aqui descrevendo. São companheiros providenciais em minha peregrinação; Deus os colocou em minha rota para que me anime, sinta-me acompanhado e não me deixe invadir pela desilusão. Mas são somente companheiros, nunca eles próprios serão a meta da minha vida.

Transformam-se em meta de minha existência quando ocupam em minha mente (mesmo que eu não queira) o lugar que só a Deus corresponde. Nesses casos, confiarei tanto neles que me abandonarei a realizar o que eles dizem sem me encarregar realmente do meu viver. Empregando uma palavra carregada de muitas conotações bíblicas, são meus *ídolos*, meus substitutos inadequados, porém reais, de Deus. O resultado desta opção sutil – porém muito forte – é que a qualidade de minha vida de fé se estanca e diminui. Começam os apegos (ver o tema 29 sobre o desapego), o *não poder viver sem o outro*, a dependência infantil experimentada por quem já não é criança. Assim vou me fechando para a possibilidade de encontrar meu crescimento de fé em sadia autonomia.

Em outros casos, os outros são empecilhos no meu caminhar porque se opõem de modo direto e claro à vontade de Deus sobre minha vida. Como no anterior, o mais perigoso é quando o mal se disfarça de bem, quando o lobo parece cordeiro. Se minha vida se desenvolve em um ambiente onde são pouco apreciados os valores da fé, posso sentir-me até mal e culpado por não satisfazer as expectativas que outros (minha família, meus amigos, etc.) têm sobre mim. Tenho direito de ser diferente deles? Não estarei procurando somente chamar atenção?

Uma variante especialmente complexa, que requer muito discernimento, se dá quando para seguir a Deus devo superar as barreiras de um ambiente de práticas religiosas que podem frear em mim o autêntico crescimento evangélico. Com isso me encontro em um campo muito delicado que vai requerer ajuda da parte de alguma pessoa com mais conhecimento e experiência que eu (o que chamamos genericamente *acompanhante espiritual*). Não se trata de colocar-me como juiz do que os outros fazem e dizem em sua prática de fé, mas de descobrir que esse modo de vivê-la no ambiente que frequento não ajuda no crescimento que Deus espera de mim. Não serei juiz, mas sim aprendiz, sabendo que somente Jesus pôde dar juízos definitivos em relação à conduta perniciosa de muitos líderes religiosos de seu tempo que precisou enfrentar.

2 Para superar minha dependência dos outros, preciso começar por tomar consciência do que está acontecendo. Como sugiro em outros lugares desta obra, ajuda-me para isso não me fechar em umas poucas relações. Reduzir-me a um único ambiente de referência, um mundo pequeno que facilmente absolutizo, não me ajuda em nada. As experiências de contraste perante os que são ou pensam diferente de mim, o diálogo profundo com aqueles que vivem sua fé em etapas diversas e em ambientes distintos, pode enriquecer muito esse processo. Isso sim, com a condição de que esse caminho não se transforme em uma espécie de *turismo espiritual*, que somente preencha a ansiedade por falar com todos, conhecer todos os mosteiros, ler todos os livros de espiritualidade, etc., permanecendo no final das contas muito atrapalhado e confuso. Talvez com isso tenha apenas lutado para conseguir a aprovação dos outros, esquecendo de que sou eu mesmo quem deve dar a mim esse presente.

A vida é anterior à morte. Enquanto não encontrar novas fontes de vida, é melhor que não me aventure a deixar de lado meus pontos de referência anteriores, pois me encontrarei perdido numa grande confusão. Essa situação de desespero, além de implicar muito sofrimento, pode *esvaziar* em mim o desejo de crescimento. Mais de uma atitude exageradamente conservadora pode ser fruto de tentativas deslocadas de mudança, de processos mal acabados, de imitação ingênua de propostas atraentes, mas sem base. Para *que morra* minha dependência dos outros, necessito que cresçam em meu interior novos brotos de vida. Eles serão fruto de um lento avanço em minha consolidação junto de Deus. É a única coisa na qual posso me apoiar com plena confiança sem perder minha liberdade pessoal.

Talvez até agora tenha evitado os perigos, amarrando minha embarcação no ancoradouro das minhas seguranças; o mal é que desse modo não chego a parte nenhuma. Vejo-me agora diante de um processo nada fácil. Decidir ir à frente, sem voltas, é algo que demora anos. E mais, é tarefa para toda a vida. Parecer-me-á muito difícil; mas é maravilho o número de coisas *impossíveis* que posso fazer quando me descido a começar agora mesmo, porque *amanhã pode ser tarde*. Nesta vida sei antecipadamente que nunca vou ser totalmente livre. Porque permitirei e até fabricarei correntes que não me deixarão ser o melhor de mim. É um aspecto do meu drama como ser humano limitado. Esta luta dura toda a minha existência porque nela não existe uma guerra definitivamente ganha, mas batalhas nas quais para triunfar terei de pagar um preço alto por minhas vitórias.

Preciso aprender a encontrar as respostas para minhas interrogações pessoais dentro de mim mesmo, em minha consciência profunda. Sei que isso não é recolher-me em minhas ideias, mas sim uma comunicação com o melhor de minha pessoa, na qual posso encontrar-me a sós com Deus. Se percorrer bem esse caminho a cada dia vai se tornar mais natural a descoberta como por um certo *instinto espiritual*, da vontade amorosa de Deus sobre minha existência. Os outros, especialmente a comunidade cristã, terão uma importante influência enquanto participarem de minhas descobertas e progressos pessoais. Mas não vou esperar que me substituam nos discernimentos e decisões que se refiram à minha intimidade pessoal.

Como me custa não copiar os outros! Quão difícil é ser eu mesmo, sem acréscimos nem enfeites! Tenho de me surpreender copiando, para me dar conta de que este mecanismo é muito frequente em minha vida de adulto. Deus espera que eu não seja uma (má) cópia dos outros, mas que consiga desenvolver o melhor que me foi dado. Se os outros me servem de estímulo, de ponto de partida, sejam bem-vindos! Mas depois, quando o processo continua, sei muito bem que uma vida autêntica "abre-se caminho à medida que se anda". Só assim será meu caminho, não o que os outros fizerem para que eu os siga com a docilidade infantil de adulto insensato. Jesus está aqui comigo, mas também no fim de meu caminho, esperando que eu descubra os caminhos mais adequados para mim, os que melhor me conduzem para ele.

Sugestões

a. Revejo o texto deste tema, destacando algumas expressões que têm a ver com minha experiência pessoal passada e atual. Tomo nota de algumas situações nas quais vivi o que ali se descreve.

b. Com um esquema muito simples poderia dizer que em minha vida de crescimento na fé posso ser: *nada, pouco, medianamente, muito* e *totalmente* autônomo. Qual é a situação habitual que predomina em mim no meu cotidiano? E qual é nos momentos de crise?

Para isso tomo em consideração que podem não ser iguais meus modos de atuar na vida cotidiana em relação aos momentos de provação. Como seu nome o diz, estes *colocam à prova* a firmeza do que consegui. Também apresentam sinais em relação à minha capacidade de ir colocando cada vez mais em Deus a fonte principal de minhas seguranças.

c. Ilumino este bloco com o texto de Mateus 10,34-39 (Vim trazer a guerra. Toma a tua cruz e segue-me).

Ajudai-me, Senhor,
a ser cada dia menos dependente
de outros para poder apoiar-me
cada vez mais em vós.
Desejo experimentar esta união convosco,
que me fará cada dia mais livre,
mais cristão, mais semelhante a Jesus.
Sinto-vos vivo no meio de minha comunidade cristã;
quero ser membro ativo dela,
mas sem dependências que freiem
minha decisão de colocar somente em vós
minha confiança definitiva.

25

MEUS FREIOS PARA CRESCER (II)

1 No tema anterior vi que existem dois grupos de fatores que podem frear meu processo de crescimento, segundo o que Deus espera de mim. O primeiro, ali desenvolvido, salienta minha dependência dos outros. Agora vou me deter nos que se relacionam com o meu modo de ser.

Seguindo uma distinção já clássica, posso diferenciar dois setores: o relacionado com meu polo racional e o que se relaciona com minha vontade.

a) *A razão como freio para meu crescimento*: o que é minha fortaleza também pode ser minha fraqueza. Isso acontece quando uma qualidade ou capacidade funciona em mim de modo inadequado e/ou exagerado. É o caso da razão. As coisas que iremos vendo aplicam-se a mim sobretudo se o polo intelectual tem prioridade em meu modo de ser e em minhas atividades cotidianas.

Minha razão me freia no crescimento de minha fé quando semeia dúvidas sobre tudo o que se relaciona com ela. Posso ser dessas pessoas que precisam *ver para crer*, como o apóstolo Tomé (João 20,24-29). Mas se vejo e constato, já não se trata de fé, mas sim de evidência. Por isso a atitude de desconfiança sistemática é inimiga da fé quando se instala como uma maneira estável de encarar a vida. Não somente minha relação com

Deus sofrerá as consequências; também acontecerá isso no meu contato com os outros, aos meus intercâmbios afetivos. Em síntese, ao colocar-me à distância e como juiz do que me acontece, nego-me a possibilidade de viver em profundidade a fé e o amor.

Para entender o que acontece, é conveniente que considere que minha razão funciona como uma *máquina de classificar* os fatos, dar-lhes nome, descobrir as relações de causa e efeito, etc. Uso esses mecanismos com tanta frequência que se tornam para mim naturais. O mau é que se nos momentos de fé continuo atuando a partir deles, nunca poderei remontar a uma dimensão diferente. Ingenuamente procurarei enquadrar minha relação com Deus nos rígidos moldes formados pelos esquemas que eu já possuo.

Essa atitude pode se mostrar em mim de duas maneiras opostas: ou como desconfiança sistemática em relação à minha fé ou como tendência a fundamentá-la em raciocínios e construções humanas. Meu ambiente social me dá oportunidade para ambos os argumentos. Ambos são tentativas erradas desde o início, visto que consideram como iguais realidades que não o são (fé e razão). Como já vi, posto que se trata de pura razão, não entrei ainda no campo da fé.

Não é desacertado o meu desejo de compreender, até onde for possível, os conteúdos de minha fé. E mais, minha dignidade humana exige de mim que não creia em coisas que vão contra ela ou possam significar um mal para mim e para os meus. Essa precaução evitará, para mim, aderir a grupos sectários ou deixar-me arrastar por atitudes mágicas. Mas já faz tempo que sei que a fé pode ser *razoável* em suas propostas, mas nunca totalmente *racional* (pois não seria fé, mas sim raciocínio sobre fatos religiosos).

Incorrerei nesse risco se tiver a tendência a explicar minha fé usando em excesso teorias psicológicas (*psicologismo*), sociológicas (*sociologismo*) ou algum outro enfoque racional sobre o fenômeno religioso. É que aqui não se trata de analisar a fé, mas sim de vivê-la de modo sensato, de fazê-la parte de mim, sem deixar que ela more apenas nos reduzidos espaços de minha cabeça.

Para isso levarei em consideração que, como diz a Escritura, os pensamentos de Deus não são os meus pensamentos (Isaías 55,8). Um exagerado emprego de minha razão tende a me aprisionar em um sistema de ideias pessoais do qual me nego a sair, defendendo-o com todos os argumentos de que disponho. Por isso preciso transformar também minhas ideias ampliando meus horizontes na linha do plano de amor de Deus. Existe uma lógica humana que frequentemente é diferente e até oposta à lógica divina.

O que Deus espera de mim não é anti-humano, mas ultrapassa o humanamente esperável. Para adestrar minha razão a esta lógica preciso imbuir-me da profunda mensagem da palavra de Deus, assim como dos atos e palavras de outros cristãos que me servem de referência (especialmente os santos).

b) *A vontade como freio para meu crescimento*: aqui chamo *vontade* à capacidade que tenho de decidir minhas coisas por mim mesmo. Como a razão, ela é, em princípio, algo bom e necessário. Sem vontade, não desenvolveria minha autonomia como adulto. Aqui também cabem os exageros, frequentes em mim, sobretudo se tenho a tendência a ser muito autônomo, a propor-me com firmeza as coisas e lutar para consegui-las. Insensivelmente aplicarei o mesmo critério à minha vida de fé, crendo que ela é, antes de tudo, uma construção pessoal minha, e não um dom de Deus.

Se for demasiado voluntarista, pensarei que o que minha fé exige de mim é que faça coisas por Deus para assim me tornar digno de seu amor. Ele fez tanto em meu benefício, que não posso senão exigir de mim um estrito cumprimento de regras religiosas que me tornem irrepreensível perante seus olhos.

Propor-me-ei metas exigentes, servir-me-ei de meios que considero adequados, esforçar-me-ei para cumprir a qualquer preço o que prometi. Como a meta conscientemente marcada é agradar a Deus, tudo parece estar em ordem. Custa-me desconfiar de que algo, no fundo de tudo isso, funciona mal.

O primeiro problema é que centralizo a fé em mim mesmo, em meu desenvolvimento, e não em Deus. Torno-me o construtor de minha própria santidade, segundo meus esquemas preestabelecidos. Não deixo o primeiro lugar a Deus, mas o considero, comumente, como um bom acompanhante em meus projetos religiosos, com os quais suponho que ele sempre estará de acordo. Não me converti a seu plano, mas procurei convertê-lo ao meu plano de aperfeiçoamento religioso. Cresce o meu eu, mas diminui a riqueza da fé autêntica como entrega confiante ao Senhor. Voluntarismo, perfeccionismo e outros *ismos* ocupam-se por trás desse tipo de atitudes. Com o passar do tempo compreenderei que errei o caminho. Por quê?

2 Errei porque eu construí para mim um Deus e uma fé de acordo com a minha imagem e com a minha semelhança, segundo as ideias de minha mente e as conveniências do ambiente. A minha será uma fé mais *sociológica* que *teológica*, ou seja, mais relacionada com estruturas e costumes religiosos que com uma relação viva e rica com o Senhor. Por isso não é estranho que essa conduta me leve a posições rígidas e discriminatórias. Os fariseus do Evangelho são o exemplo mais conhecido desse risco. Eles não se defrontaram com Jesus por seu ateísmo, mas sim pela deformação da fé verdadeira que praticavam e ensinavam. Em meu interior, também fez seu ninho esse mesmo fariseu. Por isso preciso voltar hoje às duras advertências que Jesus lhes faz. Não deverei olhá-las como algo que foi dito a outros num tempo diferente do meu, mas como palavras de aviso diante de um dos maiores perigos para minha fé.

Tanto no referente à razão como à vontade, a chave está em me desprender do meu eu, em deixar de me colocar obsessivamente no centro de tudo para deixar Deus ser meu centro. Com isso não perco minha dignidade, mas me situo como filho de Deus, como criatura sua à qual ele ama com louca paixão. Se Deus é meu centro, abandono minhas pretensões de ser o protagonista de tudo, convertendo meu voluntarismo em disponibilidade para simplesmente colaborar com a obra da salvação, que desde minha concepção ele está realizando em mim.

Para percorrer esse caminho necessito (ao menos por um tempo) da ajuda de outra pessoa que viva e saiba como fazer de Deus meu centro. É sobretudo seu modo de viver que despertará em mim os desejos e a possibilidade real de viver desse modo. O *olhar exterior* de outro diferente de mim é muito útil para não cair em enganos, que são frequentes nesses temas nos quais é difícil constatar a verdade das afirmações. O campo da fé está cheio de belas plantas, mas também invadido por ilusões e fantasias que nada constroem em minha pessoa. Tornar-me-ei responsável por meu caminhar, escolhendo com essa atitude quem pode me ajudar a superar meus freios nessa etapa da minha vida.

Sugestões

a. Que relação vivo hoje entre minha razão e minha experiência de fé: harmonia, conflito, instabilidades...? Quais podem ser as raízes dessa situação que estou vivendo? Existe algo que possa fazer para tentar que razão e fé funcionem em mim de modo mais harmônico?

b. Como me sinto diante dos riscos do voluntarismo e do perfeccionismo no que se refere à minha fé? Encontro alguns pontos em comum entre minha vida cristã e as condutas e ideias dos fariseus dos Evangelhos? Realmente estou disposto a deixar que se cumpra em mim a vontade amorosa de Deus?

c. Leio em tom de oração o salmo 126 (127) ("Se o Senhor não edificar a casa, em vão trabalham os que a constroem"). Com essa ajuda, exercito-me na atitude de colocar toda a minha vida nas mãos de Deus.

> *Senhor, iluminai minha inteligência*
> *para que ela esteja sempre aberta*
> *à vossa luz que a ultrapassa.*
> *Ajudai-me a encontrar a maneira*
> *de entrar cada dia mais em vossa lógica divina.*
> *Mantende vossa presença junto de mim*
> *para que possa estar disponível à vossa vontade,*
> *embora não coincida com a minha.*

26

EU TE ESCUTO

1 Que grande necessidade tenho de que me escutem! Todavia, verdadeiramente, eu escuto os outros? Sobre esse ponto quero deter-me agora um momento para refletir.

Antes de tudo, preciso verificar o que me impede de escutar-te a fundo. Com isso descubro muitas características de minha maneira de ser. Talvez acredite que se te escutar serei responsável por dar soluções aos teus problemas; nesse caso, estarei produzindo uma resposta possível enquanto compartilhas comigo tua vida. Ou procurarei afastar os problemas que me comentas com uma atitude falsamente otimista ou de contínuo gracejo. No fim, sentirás que não te levo a sério nem me interessa o que estás enfrentando.

Esses são alguns exemplos de como podem se interpor entre minha pessoa e a tua meus interesses, preocupações, pensamentos, necessidades, etc. Quanto mais centrado estou em mim mesmo, em meu mundo, menos posso colocar-te como centro de minha atenção. Nesse caso apenas te *ouço* (como quem ouve a chuva que cai), mas não te *escuto* do modo que mereces como pessoa. Posso estar preparando minha resposta ao que me vais dizer ou prevendo que me venhas com as mesmas coisas que sempre me dizes e já me cansaram... Sobretudo se eu tiver uma má imagem de tua pessoa (talvez por comentários que me tenham feito) ou de nossa relação, vai se tornar para mim muito difícil escutar-te. Pode ser que estejas me propondo mudanças em meu modo de agir que não estou disposto a encarar porque me dão medo ou me tiram de minha situação comodista.

Caso eu tenha essas atitudes, não vou ganhar nada ao meu ver como uma pessoa má ou se ficar me acusando de ser incapaz de escutar os outros. Preciso sim procurar dentro de mim e de minha história as possíveis causas de minha dificuldade para escutar os outros. A primeira delas pode ter sua origem no fato de que só aprende a escutar quem foi escutado. Talvez as pessoas mais importantes para mim tenham prestado pouca atenção e gastado pouco tempo no que eu lhes queria transmitir. Isso me ensinou a viver em um mundo no qual *cada um se arruma como pode*, pelo que não devo molestar os outros com meus assuntos nem preocupá-los com meus problemas. Esse fechamento em mim mesmo faz-me muito mal e exige que os outros paguem caro por uma atitude minha de indiferença.

Mas não é justo que me refugie em minha história para escusar-me de minhas atuais atitudes. Olhar para o passado só me serve para melhor compreender-me e entender de maneira mais adequada a tarefa que tenho em minhas mãos. Eu posso escutar-te de verdade, posso superar os limites do modo como fui escutado para uma relação de comunicação mais profunda de um para com o outro. Não será fácil essa tarefa, mas também não é impossível.

Eu te escuto quando ponho de lado o que me acontece, deixando de prestar atenção neste instante a meu mundo interior, para concentrar-me em tua pessoa. Neste momento eu sou tu. Coloco-me com todo o meu corpo diante de ti, suspendendo tudo o que me possa distrair (TV, jornal, rádio, internet, etc.). Quando te coloco em primeiro lugar, estou expressando a ti um amor semelhante ao que Deus sempre tem para contigo. Faz tempo que sei que somente o amor é que nos pode salvar como pessoas, libertando-nos das pesadas cargas que todos carregamos. Ao escutar-te, colaboro nessa libertação de tua pessoa e te abro espaço para que faças o mesmo comigo.

A escuta de que aqui falo é aquela feita *com o coração*. É como se ao me falar estivesses vendo em minhas mãos meu coração, atento a tudo o que me expressas. Ele está pulsando com cada coisa que me dizes de ti mesmo, com cada alegria ou tristeza que compartilhas comigo. Se conseguir colocar-te no centro de minha escuta, conseguirei experimentar os mesmos sentimentos que vives, unir-me às tuas lágrimas ou aos teus gestos de alegria. Aí sim é que estaremos unidos como pessoas, experimentando algo da maravilhosa presença de Deus entre nós.

Quando me centro em ti, no que te acontece, consigo que me sintas interessado em tua vida, que descubras que és uma pessoa importante, embora apenas estejamos começado a conhecer-nos. Algo novo e maravilhoso aconteceu entre nós, algo que parecia vir de outro mundo, diferente daquele da rotina de todos os dias. É que, na realidade, este *milagre de comunicação* não é possível senão seguindo o único caminho que conduz a ele: o caminho do amor verdadeiro e desinteressado.

Se te escuto de coração, experimentarás o amor de Deus por meio de mim. Tu te aperceberás do quanto importante és aos seus olhos. Isso terá maior valor para ti se vives em um mundo no qual te acostumaste a não escutar, porque ninguém ouve o que gostarias de mostrar do teu interior. Sei que isso abre em ti uma esperança, liberta forças incríveis, te possibilita por sua vez escutar outros. Embora não espere, talvez me veja logo premiado com o fato de que também a mim me escutas como eu me esforcei para fazer contigo.

Mas não te confundas. Escutar-te com o coração não quer dizer que, necessariamente, eu esteja a todo momento de acordo com o que me expressas. Simplesmente tomo o que me dizes como a mim chega. Compreendo-te sem necessariamente justificar-te, sobretudo quando dás a entender coisas que se chocam com minhas convicções ou com minha consciência. Também não quero que a atenção que te presto seja ocasião para que me controles. Respeito-te e espero contar com esse mesmo respeito de ti para que possamos crescer nesta relação diante dos olhos de Deus.

2 Estou disposto a colocar de minha parte o possível para escutar não só a ti, mas a todas as pessoas que se aproximam de mim. Para isso procuro estar presente, cem por cento, diante do outro enquanto me fala. Tomo consciência de quem é a pessoa que está tratando de se comunicar. Faço o possível para compreendê-la, animando-a com meu gestos e palavras a que diga inclusive aquelas coisas que lhe custam dizer. Também ela, no que me expressa, está me dando seu coração. Isso é tão valioso quanto exigente.

Com essa atitude, estou tomando a outra pessoa tal qual ela é, não como eu gostaria que fosse. Assim agindo, evito cair na armadilha dos ideais abstratos. Ao mesmo tempo, não diminuo a importância da situação a respeito da qual está me falando. Por isso evito frases como "não tens razão de te preocupares com isso...; não é o fim do mundo". Sinto que o que ela compartilha comigo, por pequeno que pareça, pesa-lhe muito e por isso me coloco em seu lugar, compreendendo que está sendo muito importante para ela.

Não me deixo levar pelos preconceitos, pela ansiedade de dar conselhos adiantando-me ao que me vai dizer. Também evito suprir o outro em suas responsabilidades, procurando ocupar seu lugar. Digo *não* à tentação de mudar de assunto se o que me começa a dizer me parece difícil ou compromete minha pessoa. Somente poderei atalhar o assunto se notar no outro atitudes conscientemente negativas para comigo ou esforços para me manipular. Deus me pede que seja bom, mas não insensato. Por respeito à minha pessoa, de modo excepcional, posso ver-me obrigado a agir assim.

Se eu te escuto e tu me escutas poderemos crescer muito. Se compartilhamos o que vive em nossos corações poderão crescer entre nós a amizade ou o amor. São dons de Deus, tão delicados que merecem que deles cuidemos os dois. São necessários sempre dois para que esses dons seus estejam bem guardados dos demônios da indiferença e da rotina.

Sugestões

a. Como escuto às pessoas com as quais estabeleço relações de certa intimidade? Talvez, enquanto me estejam contando suas coisas, eu fique: preparando uma resposta, escolhendo um conselho, adiantando-me com meus prejulgamentos ("sempre o mesmo exagerado..."), desejando que termine seu falar e não me comprometa, procurando mudar de assunto... Ou, ao invés, assumo atitudes positivas como algumas das sugeridas no texto deste tema.

Anoto meus modos de agir mais costumeiros, procurando descobrir as causas passadas e, sobretudo, atuais dos mesmos. Existe algo que possa fazer para melhorar o que for necessário?

b. Neste tema fala-se de minha capacidade de escutar o outro. Agora faço a inversão da situação, perguntando-me se meu modo de comunicar coisas pessoais ajuda os outros a que me escutem com atenção. Analiso se procuro habitualmente a pessoa, lugar, modo, etc. adequados para que os outros se predisponham a dedicar-me tempo e atenção. Também neste caso tenho de colocar o centro em minha pessoa, não responsabilizar os outros pelo que a mim acontece. Só tenho em minhas mãos a tarefa de mudar a mim mesmo, não a de transformar a vida dos outros. Existem algumas mudanças possíveis em meu modo de me comunicar que ajudaria os outros para que tenham mais interesse em me escutar? Por exemplo: ser mais breve e concreto, não colocar a culpa nos outros, sobretudo naquele que me ouve; comentar coisas positivas, não esmagando os outros só com meus problemas; mostrar-me interessado nos outros, não concentrando a conversação sempre em minha pessoa, etc.

c. Reflito sobre minhas atitudes cristãs com base na parábola do semeador (Mt 13,1-9.18-23). Que espécie de terra sou eu para o que me comunicam Deus e meus irmãos?

Hoje, Senhor,
peço-vos que me escuteis.
Ouvi com atenção tudo o que tenho para dizer-vos
não somente com minhas palavras,
mas também com meu coração.
Ajudai-me a escutar a fundo os outros,
para ser imagem de vosso infinito amor e paciência.

27

MEU CAMINHAR COM OUTROS (A COMUNIDADE)

1 Que seria de mim sem as diversas experiências de comunidade que marcaram e marcam a minha vida? Trata-se de algo tão importante que merece que eu lhe dedique todo este tema para reafirmar essa dimensão da minha pessoa.

Desde antes de meu nascimento, minha existência dependeu de outros (Deus, meus pais...). Os nove meses de gestação são ainda hoje um grande símbolo desta relação que me liga a outras pessoas e me une aos outros com minha pessoa. Depois de nascer, essa situação continuou com características diferentes. Minha mãe me alimentou, cuidou de minhas necessidades elementares. Em minha família e nos arredores aprendi a viver relações mais amplas. Pai, irmãos e outros familiares próximos estabeleceram diversas interações com minha pessoa. Elas ampliaram esse meu diálogo até fazê-lo mais rico e complexo.

Reconheço que a princípio recebia tudo, dando pouco ou nada. Graças a outros aprendi a sorrir, a falar, a andar. Se tivesse vivido dentro de um ambiente não humano, não seria o que sou. Nem mesmo teria conseguido sobreviver. Tão pequeno e indefeso que era nesses tempos.

Meus irmãos e, em geral, os meus semelhantes em minha infância me ajudaram a situar-me em um contexto. Aprendi a ter direitos, mas também a ter deveres. Tudo o que vivi (jogos, brincadeiras...) foi ocasião para ir me introduzindo pouco a pouco em uma sociedade na qual tive de conviver com outros, respeitando certas regras.

No ambiente pré-escolar e escolar continuei minha *ruptura do cordão umbilical*. Meu mundo de relações e de conhecimentos foi se ampliando. Pude conhecer gente nova, provar minhas habilidades e enfrentar problemas inéditos. Fui descobrindo as peculiaridades de minha família em contraste com outras famílias.

Minhas experiências de amizade infantil e adolescente marcaram minha história. Também a tornaram distinta os namoros, mesmo que se tenham formalizado ou não. Tudo me fala de minha necessidade dos outros, muito mais importante que os momentos de fechamento e autossuficiência a que me convidavam certas crises da adolescência e da juventude.

Hoje, como adulto, posso olhar com olhos compreensivos minha história. Compreendo que sou filho dela. Só quem se conhece e se compreende com profundidade é que pode ajudar de verdade. Isso se aplica, antes de tudo, à minha própria pessoa; em segundo lugar, à minha atitude perante os outros seres humanos.

2 Um dos resultados do meu caminhar passado e atual é o estilo de relação que hoje predomina em mim. De maneira esquemática podemos falar do modo *individualista* e do modo *comunitário*. Agora vou me deter a observar em contraposição várias características de ambos os estilos, diferenciando-os com as letras "a" e "b".

a) A ideia fundamental do estilo individualista é que o mundo é uma selva, no qual o que impera é a lei do mais forte. Se eu não lutar, ninguém se ocupará com os meus problemas. Os outros são para mim, sobretudo, competidores na luta pela vida. Com essa atitude eu vou me tornando cego para a própria realidade, tendo os defeitos alheios diante dos meus olhos e jogando os meus para as minhas costas. b) No estilo comunitário, reconheço que a vida é difícil, inclusive dura; devo enfrentá-la colaborando com outros, deixando-me ajudar por eles. Todo ser humano é meu irmão; por isso é necessário que eu dê o primeiro passo para viver com os outros em fraternidade.

a) O ideal no modo individualista é de competição em todos os níveis. Procurarei ser mais que os outros em tudo o que me for possível. Se desejo alguma coisa posso chegar a empregar qualquer tipo de meios para conseguir meu objetivo. O importante é triunfar, sendo eu sempre o primeiro. Aqui, é quase impossível conviver com quem mostra que não necessita dos outros para nada. b) Na atitude comunitária, o ideal é a partilha, ajudando quem fica para trás, mesmo que isso diminua um pouco meu avanço como pessoa. O importante é que todos cheguem à meta (ou, ao menos, a maioria).

a) Minha comunicação com os outros tem, no estilo individualista, a finalidade de obter dados que possam servir para que eu me promova ainda mais. Minhas relações são geralmente interesseiras, para proveito próprio. Chego a usar os outros, abandonando-os quando já não me servem mais. b) Pelo contrário, a atitude comunitária se orienta a compartilhar minha vida com os outros. Não predomina a finalidade utilitarista. Em minhas relações a tendência é equilibrar minhas necessidades com as dos outros. Preocupo-me com os outros, levando em consideração que saber escutar é muitas vezes o melhor remédio contra minha solidão e a solidão dos outros. Se às vezes me sinto sozinho, isso pode derivar de que estou construindo muralhas em lugar de pontes.

a) Na linha individualista, todo estudo e formação em geral estão orientados para proveito e promoção pessoais. Procuro métodos para aprender mais e melhor do que os outros.

Assim me destaco no grupo, *consigo melhor nota*, me distancio dos outros. b) Ao contrário, no enfoque comunitário, toda a formação intelectual é para conseguir ser mais útil não somente para mim mesmo e para os meus, mas para a sociedade. Compartilharei meu saber com os outros em atitude humilde, consciente de que sempre mais ignoro em relação àquilo que eu sei.

a) No trabalho, o fundamental é que as tarefas se realizem de modo eficiente e rápido. O individualismo me leva a selecionar os melhores, descartando as pessoas que não parecem úteis. Quando possível, trabalho sozinho, chegando a desfrutar também sozinho dos resultados deste trabalho. Esse modo de viver é fruto de uma sociedade que nos permite voar como os pássaros, nadar como os peixes, mas na qual nos custa muito viver como bons irmãos. b) A visão comunitária me ensina que se tenho uma habilidade, *gasto* meu tempo para que outros a aprendam. Por fim, todos juntos faremos melhor as coisas e sentiremos a tarefa como obra de todos. Assim será mais fácil compartilharmos bens pelos quais todos lutamos.

a) Na oração e na vida de fé se destaca a oração pessoal. A dimensão comunitária da fé eu a vivo como perda de tempo. Predomina a oração de petição por necessidades próprias. Minha vida de fé se orientará para a perfeição pessoal, para minha salvação. Minha tendência é *acertar as coisas* a sós com Deus, sem dar importância à experiência de Igreja. Esqueço que para Deus ninguém caminha sozinho, porque o irmão é o caminho. Por isso não haveria sentido dizer a Deus *Pai nosso* se eu quero ser o único herdeiro. b) No modo comunitário, vivo a convicção de que são tão necessárias a oração pessoal quanto a oração comunitária. A Eucaristia adquire cada vez mais sentido como máximo momento de oração. A meta da vida cristã é, como já o sei, formar uma comunidade de irmãos que, vivendo ao modo de Jesus, se prepara para compartilhar o *banquete* do céu.

Esses são alguns elementos desse *caminhar com os outros* para o qual Deus me criou. Assim, nesta vida, vou procurando esse viver unidos como irmãos que, segundo os evangelhos, é a melhor imagem que descreve o gozo no Reino dos céus.

Sugestões

a. Sozinho ou em diálogo com alguém que me conheça a fundo, vou analisando que elementos existem em mim do modo individualista e do modo comunitário de viver minha fé. Para isso sirvo-me das sugestões presentes neste tema.

b. Dou um olhar sereno, sem julgamentos apressados, à sociedade na qual vivo. Que sinais existem de individualismo e de estilo comunitário nela? Existem iniciativas importantes nas quais eu possa somar meus esforços para conseguir um mundo mais comunitário?

c. Medito Atos dos Apóstolos 4,32-37 (As primeiras comunidades).

Acompanhai, Senhor,
meu caminhar junto com os outros,
para que unidos possamos construir
um mundo de irmãos como vós quereis.
Ajudai-nos a ir conseguindo desta maneira
um modo de viver que seja antecipação
do céu junto de vós.

28

MINHA ORAÇÃO

1 Eu disse que a oração é uma das chaves de minha vida cristã. Como minha vida cristã, também minha oração contém ganhos, bem como grandes dificuldades. Vou me deter nestas, aproveitando para aprofundar o sentido de minha vida como oração.

Já vi como a iniciativa sempre é de Deus. Mas como saber que não se trata de ilusão ou de sentimentalismo? Com o tempo aprenderei a reconhecê-lo pelos diversos sinais e, sobretudo, pelos frutos em minha pessoa e no meu agir. Entretanto, precisarei cuidar para que meu raciocínio não freie a ação de Deus em mim. Sei que orar não é o mesmo que analisar e pensar sobre Deus e as coisas religiosas.

Um grande problema na oração costumam ser as distrações. Caso existam muitas, serão reflexo de um estilo de vida disperso, no qual é difícil concentrar-me seriamente em alguma coisa. Uma vida agitada, com muita pressa, com atenção a muitas coisas, resulta numa pessoa desconcentrada. Tudo farei mais ou menos, de maneira incompleta, com dificuldade. Meu corpo estará aqui, pensando no que vem depois. Mais adiante, quando estiver no outro, pensarei no que vem mais além. Essa divisão interna é uma das maiores fontes de males não só para uma boa oração, mas também para todo empreendimento que procure ser sério e profundo (diálogo pessoal, criatividade, estudo, tarefas extensas...). Agindo assim canso-me, esgoto-me, dispenso muita energia e geralmente consigo resultado insuficiente.

Houve quem comparasse minha imaginação a um cinema que não deixa de passar diversos filmes de conteúdos variados. Ela é algo que pode ser controlada ou passada a segundo plano quando tenho minha mente ocupada em algo que me desperta muito interesse; também quando me encontro comprometido em uma ação exigente. Todavia que fazer no meio de minha oração que, ao ser passividade, permite que esse cinema ocupe todo o meu campo visual? O mais importante é que meu coração e minha atenção não estejam colocados nessa tela, mas sim no salão mais abaixo, onde posso me comunicar em profundidade com Deus. Se isso me custa mais que o habitual, pode ser sinal de que minha sensibilidade está muito agitada. O ganho e problemas de minha oração servem de juízo profundo a respeito do modo como vivo hoje. É esta uma expressão da mais intensa união entre oração verdadeira e vida.

Minha mente inquieta conseguirá tranquilizar-se tomando como ponto de partida a meditação de um texto breve da palavra de Deus. Pode ser somente um versículo significativo para mim. É interessante fazer uma lista de frases breves da *Bíblia* que induzem em minha pessoa estados de serenidade, de entrega, de concentração em Deus. Algumas expressões dos salmos são especialmente indicadas (ver, por exemplo, o salmo 22(23), "O Senhor é meu pastor..."). Também pode ajudar-me, como complemento ou alternativa, alguma imagem religiosa que tenha para mim grande significado, na qual fixo meu olhar; ou um fundo musical que associo com esses momentos de oração.

Caso eu viva em um lugar onde não exista uma capela, serve-me ter ao menos um cantinho de minha casa dedicado aos momentos de especial relação com Deus, ao silêncio, aos momentos de paz. Para isso me sirvo da experiência que mostra utilidade de consagrar lugares ao silêncio e à comunicação com Deus. Essa prática é de grande ajuda, sobretudo no início do meu caminho de oração.

Preciso descobrir os momentos do dia que mais favorecem minha oração de acordo com minhas atividades e ritmos pessoais. O início e o final da jornada são duas ocasiões clássicas que podem ser também boas opções para minha pessoa. Começar o dia com oração ajuda-me a vivê-lo com consciência mais clara de Deus que me acompanha. Terminá-lo com a oração ajuda para que durante o sono e o sonhar essa divina comunicação ocupe um lugar importante em minha mente.

Se sou uma pessoa que lido muito com ideias, com teorias, com elaborações teológicas, pode se tornar difícil para mim deixar tudo isso de lado para deixar-me levar pelos simples caminhos da contemplação. Esta me orienta para conhecer a Deus de modo vital, em um nível diverso daquele em que se situam as ideias. Preciso dele, pois esse modo de oração desenvolve o pólo intuitivo (diverso do intelectivo) que permite experimentar as coisas de Deus, bem como conseguir contatos profundos com outras pessoas.

2 Se eu for muito ativo, meu drama será a sensação de que estou perdendo meu tempo de maneira lamentável quando me entrego à oração. Quantas coisas poderia estar fazendo para mim e para outros que precisam de mim! Essa é uma das piores tentações que espreitam minha tentativa de estabelecer contato com Deus. E tem mais, a oração não produz as transformações espetaculares e rápidas que uma pessoa muito ativa dela espera. Aqui está atuando a ansiedade por resultados; meu erro reside em aplicar às coisas de Deus o mesmo critério de eficiência que se emprega na sociedade em que vivo para os lucros empresarias.

O tempo que passo a sós com Deus é da ordem da gratuidade, e não da eficácia humanamente medida. O cristão contemplativo está com Deus porque o ama, não porque vai conseguir outros resultados que justifiquem esta *perda de tempo*. A oração profunda vai deixando de ser meio para conseguir coisas, transformando-se pouco a pouco em fim em si mesma, enquanto experiência de estar com Deus e em Deus.

Com isso, meu apostolado não perde, mas sim verdadeiramente ganha. Farei menos coisas, mas com maior profundidade. Exatamente agora realizarei as coisas por amor a Deus, não tanto para aparecer, por obrigação, ou por outras razões disfarçadas por trás das belas roupagens. Aqui adquire todo o seu valor a afirmação taxativa de são Paulo em 1Coríntios 13, quando afirma que nada valem as obras mais espetaculares se não forem fruto do amor. O amor é a medida suprema de minha vida e de todas as coisas.

Uma dificuldade de especial envergadura é constituída pelo que os autores de espiritualidade denominaram os períodos de *deserto* ou de *aridez*. Neles Deus parece distante e até ausente de minha vida. Já não me atrai a oração; parece que perdi o gosto de estar com Deus e a tudo o que tem a ver com ele. As causas desse fenômeno costumam ser múltiplas. Entre elas pode incidir falta de generosidade de minha parte (entrego-me a Deus, mas até certo limite); talvez com minha vida esteja me afastando realmente dele, embora mantenha a forma exterior das minhas práticas religiosas. Pode haver em minha vida muita atividade, um trabalho intelectual exaustivo ou intenso cansaço físico.

A essas causas pelas quais sou responsável agregam-se outros fatores. Se estou voltado para o exterior e para valorizar muito minha sensibilidade, poderá faltar-me a ação de Deus que toca níveis mais profundos de minha pessoa (consciência profunda). Sua ação é como as correntes do fundo em rios muito caudalosos. Na superfície nada parece acontecer. Mas se me enfio neles descubro movimento e vida que da superfície não poderia suspeitar. Deus sempre está ativo em mim; eu é que não estou bem treinado para descobri-lo ou, ao menos, suspeitá-lo.

Como Deus é *o totalmente Outro*, não é estranho que entrar nele signifique, para a *civilização* humana à qual estou acostumado, ingressar em um deserto. É como entrar em um país com língua e costumes tão diversos que me deixam desnorteado. Por isso mesmo, é natural que o caminho se torne difícil para mim. Esse é um deserto para minha sensibilidade, mas é um lugar cheio de vida para minha consciência profunda. A questão é em que nível estou funcionando em minha vida neste momento.

Necessito reconhecer Deus nisso que humanamente é deserto. Existe quem propõe três sinais para constatar que continuam vivos meus laços com ele: a paz profunda; a abertura a toda possível manifestação de sua vontade; a fidelidade a essa vontade tal como a vou percebendo. Se esses sinais acontecem juntos em mim, terei uma razoável segurança de que estou unido a Deus, o que permite que continue me transformando em profundidade. De todos os modos, nas etapas de deserto, enquanto minha sensibilidade não aprecia nada, minhas convicções interiores (consciência) me transmitem a certeza de que prossigo em relação com Deus.

Sugestões

a. Repasso as principais dificuldades para a oração que me apresenta este tema. Anoto ao lado as que ainda hoje pesam em mim. Estou fazendo algo para superá-las? Ler o texto deste tema ajuda-me a entender melhor meus processos interiores?

b. Em um momento de serenidade, fixo meu olhar em uma imagem religiosa importante para mim. Observo como as distrações vão perdendo força. Gozo do poder que tenho de dirigir minha atenção para o que considero mais importante neste momento.

c. Preparo um lugar para minha oração pessoal. Para isso, emprego imagens, adornos e outros meios que correspondam ao meu modo de ser e à minha maneira de viver a fé. Nele dou um lugar destacado à palavra de Deus. Utilizo todos os dias este lugar para meus encontros com o Senhor.

d. Leio o salmo 22(23) ("O Senhor é meu Pastor"). Deixo-o ecoar dentro de mim, sem buscar compreendê-lo nem tirar conclusões para ação.

Eu vos agradeço, Senhor,
por me amardes
e por deixardes que eu vos ame.
Só isto tenho para dizer-vos,
mas sei que sintetiza
todo o melhor da minha
relação convosco.

29

MEU DESAPEGO

1 O tema do desapego é tão importante para minha vida que merece que eu medite sobre ele. Alguém comparou a felicidade com o voo. Muitas vezes sou como esses filhotes assustados que sonham voar, mas não querem abandonar a segurança do seu ninho. Quero ser feliz, mas deixando tudo como está, sem correr riscos, sem sair daquilo que conheço. Assim é impossível! A felicidade exige que me decida a mudar. Assim poderei estar aberto àquele que é único ao qual necessito estar cada dia mais unido para ser cada vez mais livre.

Para experimentar tudo isso, tenho de estar muito atento ao que acontece dentro de mim e ao meu redor. Preciso olhar minha vida como observador externo, sem personalizá-la, sem procurar justificações nem me condenar. Desde esta colocação, assustar-me-ei com o que descubro, inclusive algumas coisas pouco agradáveis... Isso ajudará a crescer em uma espiritualidade que me evite compensar minha falta de profundidade com frequentes apegos a realidades exteriores.

Os hábitos que tenho como adulto amortecem muitas vezes a minha criatividade. Contento-me a fazer sempre as mesmas coisas e da mesma maneira. Outras vezes acredito ser *criativo* porque copio algumas originalidades das novas gerações (modos de falar, de agir, etc.). Essa não é verdadeira criatividade, mas, como a maior parte do que existe no nosso mundo, é apenas mudança de fachada para as mesmas coisas de sempre. Por exemplo, suponho que sou criativo porque rezo com formas diversas ou porque adquiro uma nova linguagem. Porém, se a mudança não ocorreu no meu interior, somente terei passado uma mão de tinta nova na fachada de minha casa. As paredes serão as mesmas, a estrutura continuará idêntica, a pintura nova terá pouco brilho...

Se não crescer a partir de dentro, vou manter-me rigidamente em um programa preconcebido, cópia pouco original do que faz a maioria em meu ambiente. Vou viver refugiado nos costumes dos que comigo convivem, aterrorizando-me com o que é diferente. Mas ser cristão (como Jesus) é agir em coerência com minhas convicções de fé, não repetir ações externas só porque são socialmente aceitas. Jesus foi coerente com seu interior e não teve medo de pagar o preço por o ser. Ao menos, algumas vezes consigo eu ser coerente de maneira semelhante?

Se eu mudo, abrindo-me para ver a realidade como ela é, tudo mudará para mim. Agora sim poderei começar a perceber as coisas com olhos diversos. Terei ouvidos abertos à palavra de Deus, a qual me permite descobrir o profundo de minha existência, mais além das aparências e dos resultados. Para isso necessito compreender que vivo em uma sociedade que privilegia o produto final mais que o processo para consegui-lo. Essa ansiedade por sucesso priva-me da possibilidade de desfrutar dos processos que vivo, de amar cada instante de minha vida, para além do cartaz do *êxito* ou *fracasso*. A felicidade não é o resultado de ações particulares; mas é o produto indireto de um modo de encarar minha existência. Ela está acima dos meus acertos ou desacertos parciais; tem a ver com o correto em meu modo global de encaminhar minha vida.

Tenho ao meu alcance o básico para ser feliz. Mas sou como esse peixe na água que morria de sede, sonhando fora dela a resposta para seu problema. Eu também sonho com paraísos distantes, porque não compreendo que o paraíso (o reino de Deus) já está no meio de nós. Resisto à realidade e com isso aumento meu sofrimento, fechando meus ouvidos ao Espírito que dentro de mim me indica o caminho. Se fosse deixando meus objetos de apego, mais livre e feliz eu me sentiria.

É fácil compreender; mas estou disposto para voar para longe do meu ninho? Muito de minha vida eu desperdiço agarrado a minhas recordações, olhando a partir dos meus preconceitos, aspirando a metas quase impossíveis. Assim passam os meus anos, cada vez com maior rapidez. Como adulto, acrescento isso um motivo a mais de infelicidade à passagem acelerada do tempo e à sensação de que esta vida está se acabando para mim... Mas além dos poucos ou muitos anos que me restem, existe uma única maneira sábia de viver: viver o presente. Preciso experimentar pessoas e situações com os olhos admirados de uma criança, como algo continuamente renovado. "Isso eu já vi", "isso eu já conheço", é uma maneira de matar a necessidade de vida que existe em mim. É reduzir tudo a minhas ideias preconcebidas, a minhas expectativas prévias, a minha mente preconceituosa. Assim perco a maravilha da vida que acontece agora, trocando-a por um cemitério de recordações e preconceitos.

2 Essa maravilha vital foi experimentada por todos os seres humanos verdadeiramente santos, começando por Jesus. Neles havia um fogo que contagiava a todos; não era outro senão o fogo do amor que aquece, mas também purifica, queimando tudo o que não for valioso. Estou disposto a deixar-me queimar por ele? Não tenho de responder sim de maneira superficial... Esse fogo encaminha aquele que ama para sua felicidade, ao mesmo tempo abre o caminho da felicidade para os que são amados. Todavia aqui vai uma advertência: este caminho é menos transitado do que supomos. Será porque é tão sinuoso e por momentos incômodo; será esse o motivo pelo qual poucos parecem encontrá-lo e menos ainda segui-lo. Será que o encontrarei eu? Terei determinação para não me assustar antes de o iniciar ou ao dar nele os primeiros passos? Se eu o seguir com convicção, irá crescendo em mim a decisão de empreender já as coisas que tenho tendência de deixar para trás.

Preciso me convencer a deixar para trás meu passado para olhar e viver o presente de uma maneira nova. Esse modo novo é o amor: todo aquele que o vive profundamente *constrói* um ambiente de amor em torno de si mesmo. Mas, atenção, amor é como felicidade: não podem ser confundidos com *facilidade*, com comodidade, com deixar que os outros se encarreguem. Amor é entrega voluntária; em definitivo: amor é cruz. Eu não estou neste mundo para mudá-lo de acordo com as minhas ideias; eu estou aqui para amar e compreender as pessoas. Isso as ajudará a se aproximar do único amor definitivo, que é quem deve marcar a cada um seu rumo. Só ele sabe o momento de cada pessoa.

Para desfrutar milhares de flores é necessário que não me agarre a nenhuma; se me agarrar a uma, não desfrutarei nem sequer de uma única flor. Vou arruiná-la como arruíno uma borboleta que aperto em minha mão. A recordação ou presença de outra pessoa faz brotar o amor, pois a fonte desse amor está dentro de mim, não vem deles. A causa fundamental do amor sou eu estimulado por Deus que habita em mim. Assim acontece com meu sofrimento: os problemas exteriores passam sempre pelo filtro de minha mente que os cataloga de determinada maneira. Daí que os mesmos fatos, que são apenas incômodos para alguns, podem ser terríveis para outros. Por isso, às vezes se vê sofrer mais os familiares daquele que está para morrer do que a própria pessoa que está morrendo, contanto que tenha assumido uma atitude madura em face da sua própria partida.

Uma das maiores fontes de sofrimento é o aborrecimento, que leva a muitos a procurar novidades, inclusive às custas da própria vida. Se me aborreço, é porque minha memória está contaminada por muitas recordações carregadas de emoções. Se deixasse para trás o passado, tudo me pareceria novo. Olharia a vida com os olhos de assombro de um cego de nascença recém-curado. Porém, como costumo petrificar minhas emoções na memória, não consigo seguir o ritmo da realidade na qual tudo muda continuamente. A vida se move, ao passo que eu continuo amarrado a meus preconceitos. Que estupidez!

Amar de verdade é minha principal necessidade, mas às vezes é a necessidade mais desatendida. Quando me entrego ao amor que é minha essência, faço o bem de modo tão natural que quase não me apercebo disso. Jesus "passou a vida fazendo o bem" com a mesma naturalidade com que a água molha ou o sol aquece. Também eu preciso hoje crescer por dentro para que seja esse amor que habita em mim quem me guie no caminho. Hoje Jesus se apresenta diante de mim como o fez diante de tantos doentes. Posso estar tão ocupado em minhas pequenas atividades, que o deixo passar a cada momento, desperdiçando minha oportunidade de começar a viver intensamente. Se continuar a proceder assim, chegarei ao dia de minha morte sem ter verdadeiramente vivido.

Não vivo de verdade quando fico no meio dos meus conceitos sobre a realidade, em vez de experimentá-la; quando dou mais importância à aparência das pessoas e coisas em vez da minha experiência com as mesmas. Desse modo permaneço com a casca da vida, perdendo o saboroso do seu conteúdo. Além das belas palavras, dos meus costumes, do mundo que fabriquei para mim, há a realidade na qual Deus não para de trabalhar.

Tenho de reconhecer, às vezes, que começo com uns tantos meios para chegar a um fim, mas a seguir me esqueço do fim para ficar enroscado nos meios. "Quando o dedo aponta para a lua, o insensato olha para o dedo". Quantas vezes terei permanecido olhando o dedo sem chegar a entender que o realmente importante é a lua? Esse dedo pode ser as boas ideias às quais hoje me agarro, em vez de abandoná-las quando já não me são úteis para chegar ao que é unicamente importante: descobrir e viver o sentido profundo de minha vida. Nessa tarefa me ajudam muito as pessoas que me querem assim como sou, sem exigir nada de mim; delas vou aprendendo o que é o amor. Delas terei aprendido a desfrutar tudo o que é bom e honesto da vida, sem me prender a nada.

Sugestões

a. Analiso de modo sereno quais são minhas prisões imaginárias e o porquê dos meus medos. Posso necessitar de apoio de outra pessoa para fazê-lo, mas a tarefa é basicamente minha. Não sou uma pessoa má por descobrir coisas desagradáveis: somente sou um ser humano que começa a despertar.

b. Por ocasião de alguma viagem, na qual não sou eu quem dirige o carro, ou alguma caminhada longa, exercito-me em olhar tudo o que está diante dos meu olhos sem lhes dar nomes. Com isso aprendo a ultrapassar meus conceitos para a realidade, que é o que mais importa.

c. Com tempo suficiente visito algum *shopping*, sobretudo as seções de produtos que mais me atraem. Hoje olho-as de maneira tranquila e diversa do que é de costume. Não vou comprar, mas sim verificar quantas coisas não me são necessárias para ser feliz. Podem ser coisas belas, inclusive úteis, mas nenhuma é imprescindível para viver.

Em outras ocasiões escolho coisas minhas que aprecio, mas que não são realmente imprescindíveis e as dou de presente; que não sejam coisas que me estão sobrando ou estão me atrapalhando, mas que sejam coisas que me atraem. Com ações como estas vou me exercitando em um desapego libertador de minhas coisas.

d. Medito João 3,1-15 (Diálogo de Jesus com Nicodemos. Tens de nascer de novo).

Eu vos agradeço, Senhor, pelo dom de minha liberdade.
Ajudai-me a conservá-la e a aumentá-la.
Tirai-me o que não necessito
para que aprecie o que sou e o que tenho.
Sobretudo, dai-me um coração desapegado das coisas
e de possuir as pessoas, para poder
me unir somente a vós de modo definitivo.

30

OS GOLPES DE MINHA VIDA

1 Como me maltratou a vida! Tornando-me adulto tive muitas vezes essa experiência. Como vou interpretar agora essas pancadas que tomei no meu passado e as que talvez agora mesmo estou padecendo?

Não é no tempo ameno e bom que se conhecem as qualidades de um barco, mas sim nas violentas tempestades. Assim sou eu: não me conheço a fundo, tanto em minhas capacidades quanto em meus limites, se não for no meio de fortes dificuldades. Observo ao que me agarro nessas circunstâncias, quais são meus pontos de apoio, que importância tem minha fé. Nessas dificuldades precisarei muitas vezes da ajuda de outros; é bom pedi-la, com atitude de humildade. Mas também é bom que me acostume a não depender em tudo dos outros. Não sou uma criança frágil, mas sim adulto, responsável por encontrar antes de tudo em mim o apoio dentro das dificuldades.

De acordo com o meu modo de ser, uma primeira reação instintiva perante os golpes e minhas contrariedades será a agressividade. Nesses casos, procurarei separar violentamente o que me atrapalha ou afastar-me do que me parece ser a causa deste sofrimento. Em algumas ocasiões, não encontrando nada a que possa dirigir minha revolta, sentir-me-ei impelido a botar a culpa no destino, na má sorte, na fatalidade. Até o próprio Deus pode entrar na lista dos possíveis responsáveis pelo que está me acontecendo.

Essa agressividade pode se concretizar em palavras e/ou por meio de ações. Pode permanecer encerrada em meu interior ou manifestar-se no exterior. Meu crescimento na maturidade humana e cristã irá me permitir descobrir as causas dessa minha primeira reação natural diante das contrariedades. Irei superando assim atitudes de revolta descontrolada, de lamento inútil, de esparramamento de culpas para a direita e para a esquerda. Em seu lugar, prefiro enfrentar o que me faz sofrer, reconhecendo-o como tal, procurando tranquilizar-me, elaborando possíveis saídas do problema.

Outra reação possível diante dos golpes de minha vida é a passividade. Encolho-me em mim mesmo, oferecendo a menor frente possível ao sofrimento. Como não posso fazer nada diante da tempestade, encolho-me como um novelo, para que ela não me afete muito. Assim, fechado em uma atitude passiva, espero que passe o mal, *resignado* à má sorte que me coube. O que vale para uma tormenta física não se pode aplicar simplesmente para as que a vida me vai apresentando. Mas deveria sim reconhecer o que estou sofrendo, saindo logo de minha passividade para buscar soluções pessoais ou comunitárias para o que está acontecendo. Talvez haja outros que sofram o mesmo e até mais que eu. Não tenho direito de proteger-me sozinho do temporal, esquecendo-me daqueles que precisam de mim. Não serei autêntico seguidor de Jesus se não assumir como meu o sofrimento daqueles aos quais posso ajudar. Na colaboração dada a eles, ajudo a mim mesmo a *sair do poço*.

Também existem diversas maneiras de me proteger para procurar diminuir o sofrimento. Um deles é recorrer à minha mente procurando dar importância ao sofrimento ou tomando-o com humor. As explicações intelectuais que elaboro ou que me transmitem podem me aliviar algo; no fundo não enfrentei minha experiência de dor, mas estou procurando amenizá-la. Com essa atitude não resolvo meu problema, mas o adio, com a esperança de que passem logo as dificuldades.

Se eu for uma pessoa com tendência voluntariosa, minha fuga pode me proteger, me enrijecer, como se eu não sofresse.

Diante dos outros, negarei meu sofrimento por meio de uma aparência imutável ou com um sorriso forçado. Com essa atitude, eu me visto com uma couraça, levantando um muro protetor. Nego-me uma oportunidade à qual temos direito todos os seres humanos: chorar meus pesares, desafogar-me pelo que me acontece, procurar alívio nos outros e no outro.

Faz tempo que sei que fazer algo diferente é uma boa maneira de aliviar momentaneamente o que me faz sofrer. Posso ter me acostumando a afastar o meu olhar dos duros golpes de minha vida para sofrer menos. Os fatos que vivo ficam registrados em meu nível não consciente com todas as consequências posteriores disso; mas em minha consciência quase não aparecem, como se conseguisse anestesiar-me. Para isso é preciso uma intensa atividade intelectual ou uma atividade física frenética. Assim, o trabalho pode transformar-se em uma droga, um entorpecente, para tentar esquecer.

À medida que vou amadurecendo, esses mecanismos tornam-se cada vez menos necessários. Posso recorrer a eles algumas vezes para amortecer inicialmente os golpes, dando a mim tempo para elaborar uma melhor resposta a essas aflições. Mas, agora não posso mantê-los como a melhor das alternativas.

2 Então, que hei de fazer quando a vida me aflige? Antes de tudo terei de descobrir que essa é uma ocasião de crescimento pessoal, sobretudo de amadurecimento de minha fé. Deverei perguntar-me se não é uma chamada de atenção a respeito do modo como conduzo minha existência. Deus não estará querendo que mude alguma coisa no meu modo de ser e atuar? Posso compartilhar e até mesmo promover erros em outros que só descubro como tais por meio do sofrimento. Talvez seja esta a grande ocasião de fortalecer-me em algo específico. Porque quando tudo caminha bem, posso enganar-me acreditando que sou autossuficiente, que não necessito dos outros nem de Deus. Por isso já houve quem afirmou que "só reza bem quem já sofreu". O Livro dos Salmos é um grande exemplo de como os golpes da vida podem ser fecundos para aprofundar e aperfeiçoar minha atitude de fé e oração confiante.

Para começar, não posso negar que estou sofrendo com o que me acontece, nem perante minha consciência nem diante dos outros. Agir de maneira contrária seria negar a realidade, o que nunca é um bom ponto de partida para enfrentar os conflitos. Não me oculto do sofrimento, mas deixo-o existir dentro de mim. Ele é um mestre exigente, que me ensina muito. Ajudado por minha experiência de vida e por minha fé amadurecida, procuro compreender o significado do que está me acontecendo. Desde os tempos antigos, os autores de espiritualidade interpretavam fatos difíceis da vida como purificações de Deus no interior do crente. Não estará Deus purificando minha pessoa com vistas a uma missão que quer confiar-me? Não será o fogo de seu amor que está me queimando para que por intermédio desse sofrimento eu dê um passo fundamental de crescimento?

Muitas vezes tenho responsabilidade no que sofro. Minha vida frequentemente é como um espelho: mostra-me o rosto que lhe apresento. Ou, como um bumerangue, que retorna para mim em algum momento com tudo de bom ou de mau que eu fiz. Na dor é inútil que me esconda do olhar dos outros. Minha consciência está me delatando. Melhor é assumir minha parte no que acontece, inclusive no sofrimento causado aos outros. Como resultado disso, posso agora compreender que necessito orientar minha vida de outra maneira, preciso fazer as coisas de outro modo. A realidade está me demonstrando isso de modo indiscutível. Que estou esperando para começar agora mesmo essa mudança? Se o golpe recebido foi violento (por exemplo: um importante acidente) minha vida nunca mais será a de antes. Evitarei deixar-me afundar nas recordações e na saudade do que não vai mais voltar. Esta nova situação que pode me encher de temor por sua novidade, está cheia de uma nova fecundidade que Deus espera que eu consiga descobrir.

Preciso compreender os aspectos positivos da nova situação criada pelos golpes rijos de minha vida. Descubro com surpresa a beleza do arco-íris depois de ter suportado a chuva. Novamente minha fé é a melhor companhia nesta tarefa na qual ninguém pode me substituir. Agir dessa maneira evita que eu submerja na dor, com uma atitude improdutiva e incômoda para aqueles que me rodeiam. Passarei para a ação, não para distrair-me do sofrimento, mas como fruto desta aprendizagem tão dolorosa quão profunda.

Diante das aflições da minha vida, faço o que posso com as forças que tenho e com a ajuda de Deus, a quem sinto junto de mim de modo especial nestes momentos. A fecundidade dessa dor deverá mostrar-se em minha vida pelas riquezas interiores que vão aparecendo, vindas do meu interior. Elas estavam adormecidas quando as coisas me eram favoráveis. Agora vêm em meu auxílio, como um modo concreto de se tornar presente a ajuda divina em minha vida. Aprendi que a oposição bem enfrentada pode ser a base de meu crescimento, assim como os para-ventos se erguem contra o vento, e não a favor dele. Quantas dores e contrariedades construíram a pessoa que hoje eu sou!

Sugestões

a. Destaco no texto aquelas expressões que mais tocam minha experiência pessoal. Depois escolho as principais, transcrevo-as para o papel, acompanhando-as com fatos concretos nos quais creio ter vivido o que ali se descreve. Por exemplo: "Eu me enrijeci agindo como se não sofresse quando...".

b. Vivo habitualmente algumas das atitudes positivas diante da dor sugeridas neste material? Coloco exemplos concretos do que afirmo.

c. Além da oração que está no fim deste tema, pode-me ser útil esta mais extensa, de que tomei conhecimento há pouco. Adaptei-a ao tema de que estou falando:

"Meu Deus, ajudai-me a dizer a verdade diante dos fortes e a não mentir para conseguir o aplauso dos fracos. Se vos aprouver dar-me fortuna, dai-me sensatez para usá-la; se me derdes força, não permitais que abandone a sensatez. Se conseguir sucesso, ajudai-me a ser humilde. Ajudai-me a conhecer a outra face das pessoas e das coisas; não deixeis que eu me torne inimigo dos outros somente porque pensam de modo diverso do meu.

Ensinai-me a amar os outros como amo a mim mesmo e a julgar-me como tenho julgado os outros. Não deixeis que me embriague o sucesso nem me desespere o fracasso. Ensinai-me que a tolerância é o mais elevado grau de fortaleza e que o desejo de vingança é a primeira manifestação de minha fraqueza. Se perco bens materiais, ajudai-me a não perder a esperança; se me sinto golpeado pela vida, dai-me forças para superar os problemas. Se perco a saúde, dai-me a graça de uma fé mais forte. Se causo danos a outros, ainda que seja de modo involuntário, dai-me forças para pedir perdão de modo sincero. E se forem eles os que me fazem mal, dai-me a decisão de perdoar de coração. E, sobretudo, se eu vos esquecer, não vos esqueçais de mim!"

d. Vivo um momento de oração em torno do texto de 1Pedro 5,7 (Alegrem-se mesmo quando sofrerem provações).

Peço-vos, Deus meu, não somente por mim, mas por todos os que sofrem e se sentem sozinhos. Protegei-nos com vossa mão para que possamos descobrir a fecundidade do sofrimento, sobretudo quando vem acompanhado de injustiça. Dai-me força para lutar aliviando o sofrimento dos mais fracos.

31

COMO ESTOU MUDANDO!

1 Todas as minhas mudanças externas são somente sinais das muito mais importantes que me acontecem: as internas. Diante delas, eu deveria viver sempre como se fosse um rascunho, sabendo que em mim tudo pode ser melhorado. Vale a pena que eu compreenda esse processo, encaminhando-o do melhor modo possível.

Meu desenvolvimento é uma tarefa da qual sou eu o responsável. Não posso deixá-la em mãos alheias, esperando que me solucionem os problemas. Devo ir tirando os empecilhos que me aprisionam para que vá brotando do meu interior a grande força de vida que Deus me concedeu. Isso requer que eu cresça em uma liberdade sensata que necessita de ideais adequados para orientar minhas forças e dar rumo à minha existência. Por sua vez, deverei olhar-me por dentro com sinceridade para reconhecer tudo o que em mim se opõe a viver desde agora esses ideais.

Para nada serve conhecer todo o conteúdo de minha fé se não a praticar. Sou eu que devo escolher (repetidas vezes) o modo cristão de viver perante outras opções. Meu crescimento interior se medirá de acordo com minha perseverança nesse caminho, assim como a minha capacidade de ser coerente mesmo em ambientes nos quais isso resulta difícil. Eu já sei: todo bom cristão tem de algum modo vocação para mártir (testemunha).

Os valores da fé são os que têm de orientar minha vida, não as tarefas ou funções que circunstancialmente nela realizo. Se eu estiver mergulhado na mentalidade de nossa atual sociedade, terei a tendência de olhar para as pessoas pelos papéis sociais, seus títulos, suas funções. Mas não, o que melhor me define são os valores aos quais aspiro e concretizo pouco a pouco em minha vida. Tais valores não são outros que os do reino de Deus. Para vivê-los, necessito cada dia morrer um pouco para mim mesmo. A lei expressada por Jesus a respeito do grão de trigo lançado na terra que deve morrer para dar vida (Jo 12,24-26), vale não somente para o dia de minha morte, mas para meu atual processo de vida. Se não me apego à minha vida neste mundo, conseguirei a vida definitiva. Estou nesse caminho?

Centrado nos valores do Reino já não me preocupo tanto com os êxitos imediatos nem têm razão para deprimir-me os fracassos normais na vida. Estes não colocam em jogo meu valor como pessoa e como crente. Valho pelo que sou, não pelo que faço nem, muito menos, pelo que tenho.

Mas que dizer das estruturas nas quais desenvolvo minha vida? Não será necessário modificar alguma coisa nelas para que meu processo pessoal de mudança se torne possível? Certamente, se estou em boas estruturas (ou ao menos aceitáveis), será mais fácil minha transformação para os melhores valores. Mas não vou me deixar enganar: pedir que mude antes a realidade que me rodeia é a melhor desculpa para não mudar nunca eu mesmo. E já sei que *amanhã pode ser tarde*. O contrário seria como o truque que emprego quando peço a uma outra pessoa que mude primeiro como condição para que eu dê meus passos para a mudança. Hoje posso sentir-me inclinado a exigir a todo o momento mudanças de estruturas ou, pelo contrário, insistir para que se conservem sempre intactas. Levarei em consideração que ambas as atitudes costumam ser sinal de uma posição rígida, fechada à mudança pessoal.

O caminho acertado é o contrário: urge que eu parta de mudanças em minha pessoa (eu, o primeiro) para que as estruturas (sociais, eclesiais, familiares...) possam ser bem encaminhadas. Mudanças que acontecerão percorrendo um caminho que já sei que não será fácil. O próprio Jesus advertiu quando falou de *carregar a cruz e segui-lo*. Eu não serei exceção a essa regra.

Conscientizo-me de meus limites, mas não me desvalorizo nem me considero uma pessoa má. Nem mesmo me idealizo, pensando que, porque tenho em minha cabeça boas teorias, ideias muito evangélicas, já me converti a elas. É mais fácil memorizar o Evangelho ou falar dele do que vivê-lo. Minha experiência de adulto já me ensinou isso.

Nada adianta atuar exteriormente como cristão para agradar os outros, para me dar bem com eles. Se o Evangelho não se encarnou em mim, as primeiras dificuldades derrubam todo este meu *castelo de cartas*. O que está dentro é a base, é o insubstituível, é o ponto de partida de toda mudança.

2 Para tudo isso preciso de disciplina que forme meu caráter e liberdade que me dê ocasião de viver meu crescimento na responsabilidade. Como adulto posso supor que já consegui tudo isso. Mas é na vida diária que devo provar a realidade de meus sucessos. Por meio desse caminho vou *tornando meus* os valores, assumindo-os como parte de minha vida, concretizando-os em bons hábitos (chamados tradicionalmente *virtudes*). Agir bem não é fruto de decidir-me a cada momento pelo bem, como se estivesse começando a viver. Minha existência diária é resultado de um modo de vida no qual vou me deixando transformar primeiramente por Deus para assumir os valores do Evangelho. Por isso, não é por força de meus atos de vontade que produzirei minhas melhores mudanças, mas sim como fruto da ação interior do Espírito dentro de mim (com a condição de que o deixe agir com liberdade).

Em todo esse processo existe um fator que pode me ajudar muito, sobretudo nas etapas de transição e crise: o acompanhamento espiritual. Sei que desde tempos antigos os cristãos que quiseram crescer de modo firme em sua fé contaram com isso. Também hoje posso chegar a necessitar dele, seja para sair de alguma crise que vivo, seja para encaminhar melhor o processo de minha vida espiritual. Encontrar um bom acompanhante espiritual e dialogar com ele com abertura de coração é um grande achado. Assim como também o é complementar isso com a prática periódica de retiros espirituais. É aconselhável para mim como cristão viver um desses retiros uma vez por ano, para revisar e renovar meu compromisso de vida. Isso em conexão com um importante sacramento de crescimento: o da Reconciliação.

Sugestões

a. "As pessoas realmente valiosas, por mais que transcorram os anos, não perdem sua beleza; só que lhes passa do rosto para o coração". Levando em consideração esse processo de transformação, leio e reflito, aplicando à minha vida esse belo soneto do poeta argentino Francisco Luis Bernárdez (Argentina, 1900-1978):

Se para recobrar o recobrado
tive de perder primeiro o perdido,
se para conseguir o conseguido
tive de suportar o suportado.

Se para estar agora enamorado
foi preciso ter estado ferido,
tenho por bem sofrido o sofrido,
tenho por bem chorado o chorado.

Porque após ter comprovado
que não se delicia bem o delicioso,
senão depois de tê-lo padecido.

> *Porque após tudo tenho compreendido,*
> *que o que a árvore tem de florido,*
> *vive ela do que tem sepultado.*

b. Dou um olhar abrangente às mudanças internas mais importantes que até agora vivi. Que relação encontro entre elas e as propostas deste bloco? Sou protagonista de minhas mudanças ou espectador do que realizam os outros?

c. Que lugar ocupa a mensagem evangélica nas últimas decisões importantes que tomei?

Afeta meu modo de viver? Que sinais eu descubro?

Complemento este ponto com a meditação do texto citado no ponto 1: Jo 12,24-26 (o grão de trigo que deve ser enterrado para dar fruto).

> *Deus de minhas mudanças e de meus caminhos,*
> *hoje vos venho agradecer tanta riqueza*
> *que pusestes em meu peregrinar.*
> *Também vos peço forças para não desanimar*
> *quando a rota se tornar difícil de percorrer.*
> *Agradeço-vos, Senhor.*

32 MEU APOSTOLADO

1 Todo amor verdadeiro tende a difundir-se para os outros. Neste tema poderei meditar que viver profundamente minha fé cristã me constitui apóstolo de Jesus, com minha vida antes mesmo que com minhas ações. Desse modo transformo-me em canal de seu amor para com os outros.

Em qualquer tarefa apostólica que eu possa iniciar vai predominar no começo a curiosidade, meu desejo de fazer coisas novas. Não preciso me envergonhar por inícios tão humildes em meu caminho de apóstolo. Algo parecido deve ter acontecido aos doze apóstolos com Jesus. Descobrirei em mim uma tentativa de me destacar perante os outros, procurando satisfazer minhas necessidades e o que mais me apraz. Farei as coisas a partir de mim, sendo difícil compreender e aceitar os que são ou pensam diferente de mim. Isso me fará seletivo, procurando trabalhar com aqueles que se mostram interessados e dóceis ao que lhes quero transmitir. Por sua vez, se sou entusiasta, acreditarei no início que só com minhas próprias forças posso mudar tudo. Embora mais adiante isso vá me parecer ingênuo, nestes primeiros momentos é comum que eu acredite que sou pouco menos que o *salvador do mundo* (ao menos no ambiente que me rodeia).

No que transmito pesarão, às vezes, mais meus ideais pessoais do que a mensagem de Jesus. Ele a levava a outros com meios muito simples; em meu caso, ao invés, pode haver uma confiança quase ilimitada nos meios humanos (pedagógicos e técnicos), como se eles necessariamente conduzissem à conversão das pessoas.

Passada a novidade inicial, precisarão aparecer em mim motivos para perseverar nesse modo cristão de viver e nos compromissos que ele acarreta. Como já vi nesta obra, minha fé tem oportunidade de mostrar sua profundidade quando aparecem as dificuldades. Agora começo a me aperceber de como preciso de Deus e de meu grupo cristão. Isso me abre para a autocrítica em relação às minhas ideias, descobrindo a conexão necessária entre mensagem e testemunho de vida. Não me basta falar bem se isso não corresponde a um modo de viver coerente.

Ainda atuo com certa insegurança. Por isso me apoio bastante nos meios concretos, ao mesmo tempo em que me abro com muita cautela para as pessoas e grupos que me parecem indiferentes e até hostis. Começar esta abertura vai dar-me flexibilidade, superando posições sectárias e fanáticas que pude viver em um passado recente.

Necessito crescer para ir integrando meu compromisso apostólico a outros aspectos de minha vida, particularmente com minha oração e celebração dos sacramentos. Começo a descobrir o valor do apostolado por si mesmo, e não somente pelas satisfações que me possa dar. Isso me abre para descobrir que a cruz é parte normal da vida cristã. Por isso, diante dos meus olhos, começa a se abrir um campo no qual as dificuldades e ainda o fracasso são moeda válida corrente como o foi para Jesus.

2 Pouco a pouco, vai se operando um deslocamento a partir de mim para a mensagem que estou chamado a encarnar e transmitir. Assim a palavra de Deus passa para o centro, diminuindo progressivamente a importância de minha pessoa enquanto tal. De todo o modo, vou percebendo que o principal meio de evangelização é minha pessoa, não tanto os instrumentos e meios técnicos que até agora tanto admirei e com tanto esmero utilizei no tempo certo e no tempo não certo. Deus é o protagonista; eu sou somente seu colaborador.

Agora farei grandes esforços para chegar aos outros, aos que são e pensam diferente de mim. E mais, deixar-me-ei evangelizar por Deus neles, não pensando ser eu o dono da verdade. Pouco a pouco meu modo de viver irá se transformando em apostolado, evangelizando pelo que sou, pelo que faço e pelo que digo. O amor de Deus se apossou de mim de tal modo que experimento agora o desejo ardente de compartilhar com outros esta experiência de fé. Os que estão abertos à luz desejarão compartilhar a vida comigo para caminharmos juntos na mesma estrada.

Para esses momentos, terá crescido em mim a consciência de ser parte de algo mais amplo que me ultrapassa: a comunidade eclesial. Isso me permitirá apoiar a tarefa alheia sem partidarismos, não acreditando que o meu grupo seja o melhor. Meus objetivos de vida tornaram-se mais amplos, profundos e duradouros, orientados para o crescimento do reino de Deus no mundo em que habito.

Com tudo isso, se cumpre o que o início do Evangelho diz de João Batista: "Importa que ele cresça e que eu diminua" (Jo 3,30). Minha pessoa vai desaparecendo diante da grandeza do Evangelho que estou chamado a deixar transparecer. Graças a isso, as pessoas não se detêm em mim, que sou só um meio, e são levadas a Cristo. Agora sim o instrumento é minha pessoa movida pelo Espírito. Isso tornará natural em mim a escolha dos preferidos de Deus: os deficientes, os fracos e os pobres. Neles, descobrirei uma mensagem divina especial, aprendendo essa lição de vida que Deus tem preparada para mim desde sempre.

Sendo assim, poderei criar em outros a *fome de Deus* que torna fecundo o terreno para sua Palavra salvadora. Deixei-me invadir por ela, permito que me transforme. Já não vou para onde quero, mas para onde me leva essa força divina que habita em mim.

Essas são algumas características do caminho de apóstolo que todo cristão está chamado de alguma maneira a percorrer.

O último modelo não é outro senão o próprio Jesus, seguido por uma grande quantidade de apóstolos que estenderam durante todos os tempos o número de doze até o infinito. Queira Deus, possa também eu, com o tempo, ser um entre eles.

Sugestões

a. Por ser este tema muito concreto, a principal sugestão é a de relacioná-lo com minha experiência passada e atual de vida. Isso me permitirá compreender as coisas que vivi até hoje e as que possivelmente viverei no futuro. Nenhum caminho é igual a outro; de todo o modo, o caminho aqui anotado serve como pista para analisar minha pessoa e minha conduta.

Esta tarefa vale para mim inclusive se atualmente não tenho nenhum compromisso apostólico estável. Acontece que, como se deixa entender neste tema, toda vida cristã bem conduzida é apostolado.

b. Medito de modo sereno alguns textos que me mostram traços de são Paulo apóstolo:

• 1Cor 3,5-11: Sou colaborador de Deus. Ninguém pode colocar outro fundamento senão Cristo. 1Cor 9,16-19: Ai de mim se não evangelizar! 2Cor 4,5-18: Não prego a mim mesmo, mas Cristo Jesus. O poder é de Deus, não meu. 2Cor 5,14-16.20: O amor de Cristo urge em mim. 2Tim 4,1-5: Tenho de proclamar a palavra a todo momento.

Peço-vos, Senhor, que façais arder meu coração como fizestes um dia arder os dos discípulos de Emaús. Que isso me transforme em mensageiro do vosso Evangelho com minha vida e minha palavra. Fazei-me parte do grupo de vossos apóstolos, para que possa compartilhar em todo momento vossa mesma sorte.

33
CONCENTRAR-ME NO ESSENCIAL

1 Quão complexa foi-se tornando para mim a vida, à medida que passaram os anos! Quando eu era criança, parecia-me tudo tão simples e natural. Agora, como adulto, tenho por momentos a sensação de estar enroscado no meio de uma realidade na qual é inútil procurar que tudo funcione bem: se consigo acomodar alguma coisa, desacomodam-se para mim outras. E eu que sonhava com o futuro quase perfeito! Essa situação exige em minha vida uma mudança. Para introduzir o sentido dessa mudança, precisarei ter como pano de fundo o belo texto de Marta e Maria (Lc 10,38-42). Nele destaco de maneira especial as palavras finais de Jesus: "Marta, Marta, andas muito inquieta e te preocupas com muitas coisas; no entanto, uma só coisa é necessária; Maria escolheu a boa parte, que não lhe será tirada".

"A boa parte" é a única necessária; tudo o mais é acessório ou complementar em relação a ela. Diante disso convém recordar que a autoajuda que esta obra propõe dirige-se no sentido de "concentrar-me no essencial" para, desde ali, reconstruir minha pessoa. Se o essencial não estiver bem focalizado, tudo o mais terá uma fraca base que não resistirá aos vendavais da vida.

O essencial e necessário é minha principal relação: a que vivo com Deus. Uma vez mais salientarei alguns aspectos significativos para os quais convém que oriente minha experiência de fé. Se Deus é o único necessário, minha fé crescerá à medida que ele ocupar toda a minha vida. Este predomínio de sua presença e de minha relação com ele dá um sentido novo e mais profundo a toda a minha existência. Minha sensação interior é que minha vida vai-se harmonizando, cada coisa ocupando seu lugar. Já não sinto necessidade de seguranças religiosas, mas sim de colocar-me a caminho para buscar a vontade amorosa de meu Pai do céu.

Sou diverso de Deus, porém, se nossa relação crescer, sentir-me-ei um com ele. No centro disso, encontra-se um amor que é capaz de produzir mudanças profundas quando nos deixamos, como seres humanos, fascinar. Muito mais esse amor consegue quando abandono minha pessoa nas mãos de Deus. Os melhores exemplos disso são os místicos e os mártires que expressam sua impossibilidade existencial de separar-se de Deus e de sua vontade nesta sua vida. O amor divino incondicional é o que vai produzindo este milagre em mim. Tal é a força transformadora do amor que, assim como me encheu de gozo, me crucifica para despojar-me de tudo aquilo que oculta minha verdadeira imagem. Assim aprenderei a amar até minhas limitações, minhas enfermidades crônicas, tudo o que me era difícil aceitar. Até agora havia me revoltado, sofrendo sem nenhum fruto.

Como bom cristão, posso ter experimentado nesses momentos que a vida eterna já começou. Se minha experiência de Deus foi particularmente forte, terá nascido em meu coração a disponibilidade e até o desejo de partir deste mundo para estar mais unido a ele. Aceito viver nesta terra todo o tempo que ele queira assim como anseio por uma relação crescente, sem os limites desta existência terrena. É algo que expressa Paulo em seu magnífico texto de Filipenses 1,22-26. Afirma que para ele a vida é Cristo e a morte é lucro... Gostaria de morrer para estar com Cristo. Ama os filipenses, mas é maior ainda seu amor por Deus.

Embora não me seja fácil discernir a vontade de Deus, vai aparecendo uma crescente facilidade para aceitá-la. Não se trata de sujeição ou de infantilismo, e sim de identificação amorosa entre o que eu quero e o que Deus quer para mim. Vou me tornando naturalmente dócil a Deus. A súplica que tantas vezes repeti adquire todo o seu sentido: "Seja feita a vossa vontade assim na terra como no céu", ou seja, em todo lugar e circunstância. Talvez eu tenha sido um grande defensor de minhas ideias e projetos; agora isso cada vez me interessa menos. Daqui, deriva uma força nova, uma perseverança e firmeza que superam meus limites naturais. Realmente minha pessoa vai se transformando de um modo que assusta a mim mesmo.

2 Esta presença avassaladora de Deus torna mais livres as relações humanas, sobretudo as mais intensas. Já não necessito que os outros demonstrem que me aceitam e me amam. Também meu amor vai tornando-se mais desinteressado, superando a tendência a *comercializar* meus favores e afeto. Meu coração se sente tão repleto de Deus que não sai por aí *comprando afeição* a qualquer preço. Embora me firam as atitudes injustas do outro para comigo, não vou deixar que isso se transforme no centro de minha existência.

Tudo isso abre meu coração para amar mais e melhor os outros. É como se participasse do coração de Deus. Começo a entender a partir de minha experiência, os gestos de salvação de Jesus nos Evangelhos. Revelam-se a mim de modo natural ajudar os que ninguém ama, compadecer-me deles, preferir os que são habitualmente deixados de lado. Com os olhos de minha fé, descubro agora neles riquezas que estão ocultas para um olhar simplesmente humano. O resultado é proximidade e ajuda ao outro, respeitando seu processo, sem perder nunca a esperança como nem mesmo o faz Deus. Torna-se para mim clara a presença de Deus neles. É que as coisas mais importantes são aquelas que eu vivo; abrirei bem meus olhos para não acontecer comigo o que aconteceu ao peixe que não encontrava o oceano porque estava vivendo dentro dele.

Também aumenta a comunhão com a natureza. O que antes eram somente coisas, vegetais, animais, passam a ser agora amigos (à maneira de São Francisco de Assis (Itália, 1181-1226)). Cresce o amor por tudo o que é vida, por tudo o que Deus criou. Amando o autor, ama-se cada vez mais sua maravilhosa obra. Ela não é vista tanto como algo para empregar em benefício próprio, mas como o paraíso que Deus fez para todos. Com esta atitude, vai crescendo minha liberdade em relação às coisas: uso-as se delas necessito, mas não deixo que a elas se agarre o meu coração. Por isso agora é fácil compartilhar o próprio, inclusive o de que necessito para que os outros se sintam melhor. Descubro que meu valor não se mede pelo que tenho, mas sim pelo que sou capaz de dar.

Como crente, não deixo de comprometer-me para melhorar a sociedade na qual vivo. Mas já não confio tanto nos simples projetos humanos e em um trabalho cansativo e febril. A meta de minhas tarefas está além deste mundo; por isso trabalho com paciência para conseguir o possível, sabendo que o que eu vejo é só início do que ainda não vejo, mas já experimento. Com isso não desisti da luta por um mundo melhor; somente deixei um modo de lutar (voluntarista, com enfoque nos planos humanos) por outro que agora compreendo que é mais eficaz. A partir de Deus, desloco meu enfoque das coisas e estruturas para transferi-lo para os seres humanos aos quais podem chegar meu exemplo e minha palavra. Eles, junto comigo, precisam ser o ponto de partida das mudanças possíveis a cada momento.

Antes se tornava difícil para mim harmonizar ação e oração, sentindo a exigência frequente de optar por uma das duas. Agora vão se articulando. Consigo que em meus momentos de oração pessoal e comunitária esteja muito presente minha vida diária, ao mesmo tempo em que nela vivo cada vez mais a presença atuante de Deus, o diálogo com ele. Vai diminuindo a oração vocal em favor de simplesmente estar com quem sinto que verdadeiramente me ama. Também se reduz o esforço de exigir momentos dedicado à minha relação com Deus. Eles surgem com uma naturalidade semelhante à ocorre ao visitar e comunicar-me com aqueles que muito amo. A solidão é, antes de tudo, ocasião de permanecer com Deus. Mas, com o tempo, também a ação com outros, o encontro cotidiano, vai-se transformando em descoberta daquele Deus com quem estou a todo momento. É algo que eu sempre soube, mas ao mesmo tempo é uma descoberta, visto que nada é tão novo como aquilo que durante muito tempo esqueci.

Progressivamente, vou vivendo cada vez mais no presente, libertando-me das preocupações com o meu passado ou com o meu futuro. Nesse sentido, pode-se dizer que vivo *para o dia*, ou melhor, *vivo o dia* tal como o recomenda o próprio Jesus (Mt 6, 34). É o adequado abandono à Providência, fruto da convicção de amor que deriva de uma intensa relação com Deus. Não deixo de fazer projeto. Mas estes são condicionais; é como se fossem precedidos por uma expressão muito costumeira, que aqui adquire uma profundidade especial: "Se Deus quiser...". Serão projetos sérios, mas não rígidos, e sim abertos para as mudanças e para o que vou discernindo como vontade de Deus. Isso aumenta minha serenidade, permitindo desfrutar de modo simples o presente, único tempo real que temos para a construção da nossa vida.

Como conclusão, pode-se dizer que nesse caminho evolutivo crescerá a consciência de meus limites, mesmo contando com as riquezas que Deus me deu. Aumentará também a abertura a um amor que a partir de Deus quer ampliar-se dentro de mim e fazer-me fraternidade com os outros. Cada vez ofereço menos resistência à ação de Deus, cada vez sou menos *eu* para deixar Deus ser ele mesmo em minha pessoa. Comprovei assim como o tempo de minha vida foi um mestre ao ir eliminando o que não tem importância. Agora posso ser melhor testemunha sua porque me deixei transformar. Vai se produzindo um processo de martírio que embora não me leva a uma morte violenta, não obstante, sempre implica o sofrimento de abandonar todas aquelas atitudes e seguranças nas quais me apoiei tanto tempo acreditando que eram necessárias. Agora volta a ter sentido aquilo que Jesus afirma que "uma só coisa é necessária". Graças a Deus, escolhi a melhor parte que ninguém poderá tirar-me.

Sugestões

a. "Creio em Deus, mas como me custa entregar-lhe totalmente minha vida! Quisera contar com uma fé profunda, mas a baixo custo. De vez em quando provo ansiedade por fruir paz e descanso fáceis. Todavia preciso enganar-me um pouco, com minhas justificativas e racionalizações. Ainda sim tenho a esperança de ser um dia tão valente a ponto de não me agarrar a nada que seja o próprio Deus." Sinto-me identificado, ao menos em parte, com o que este texto afirmou? Que conclusões eu tiro?

b. "Se renuncio a minha obsessão por mim mesmo, por minhas coisas, por tudo o que é meu, o serviço a Deus e às pessoas brotará como resultado natural. Caso contrário, tudo estará manchado pelo eu primeiro. Esse abandono de meu eu é mais importante que deixar a outros minhas coisas materiais." Meditar este texto.

c. Relaciono o conteúdo do tema presente com este texto de que tomei conhecimento e que adaptei: "Pedi a Deus forças para triunfar; ele me deu fraqueza para que aprenda a apoiar-me antes de tudo em seu amor. Havia solicitado saúde para realizar grandes obras; deu-me pouca para que não creia que sou mais do que realmente sou. Desejei riqueza porque pensava que assim seria feliz; ele me deu apenas o necessário para que buscasse a verdadeira riqueza da sabedoria evangélica. Pedi amigos próximos para não me sentir sozinho; deu-me um coração grande para que pudesse amar como ele aqueles que ninguém ama. Desejava muitas coisas para ficar alegre; deu-me os anos de minha vida para que pudesse fruir de todas as coisas. Hoje não tenho quase nada do que lhe pedi; mas recebi muito mais do que havia esperado. Porque, sem perceber, em cada um dos dons de Deus me chegaram (com roupagens variadas) as chaves da verdadeira felicidade de ser parte de seu reino de amor".

d. Medito o texto de Lucas 10,38-42 (Marta e Maria), ao qual me referi no início deste tema.

Meu Deus, peço-vos que me recebais em vós para que me vá transformando segundo vossa imagem. Queimai em minha pessoa tudo o que seja estorvo a esta relação de amor convosco, à qual me convidastes desde que me tivestes em vossos planos. Esteja eu preparado em todos os momentos para concretizar vosso amor em minha vida.

CONCLUSÃO

Chegamos ao final de um longo percurso. É complexo e apaixonante porque é o caminho de nossa vida. Espero que os temas tratados neste livro tenham sido de utilidade para descobrir o que todos sabemos: que agora é o momento de agir, que não há tempo a perder, que os anos são tão valiosos como rápidos são sua passagem.

O que vai significar este livro para cada leitor depende do que cada um vai fazer com ele. Não me cansarei de insistir que não é um trabalho já terminado por seu autor, pronto para ser contemplado passivamente. É uma ferramenta para trabalhar com fé perseverante e amor que não se desalenta. É uma obra que necessita de mãos prontas para trabalhar, de pés decididos a caminhar e, sobretudo, de um coração apaixonado para amar de verdade. Este coração deverá estar disposto a concentrar a energia de seu carinho na salvação de Deus, como se concentra a luz de uma lanterna para ver com mais nitidez por onde caminhamos e reconhecer nessas marcas as pegadas de alguém que nos antecedeu.

Tudo o que está escrito neste livro pode ser mais bem descoberto se quem o ler estiver procurando um tesouro. Ele é uma pérola preciosíssima que nós, seres humanos, nunca chegamos a encontrar plenamente nesta vida. Um tesouro que só é possível adquirir por quem está disposto a vendê-lo todo, a oferecer tudo o que é e o que tem para percorrer livre o caminho da verdadeira felicidade. Como outras ordens da vida, o que colhemos é proporcional ao que semeamos neste campo tão especial, no qual somos acompanhados e pagos pelo melhor dos patrões. Quisera eu que esta ferramenta que ofereço a muitos sirva para orientar melhor a tarefa que hoje preciso fazer na primeira colheita da qual sou responsável, minha própria pessoa.